Pedro Kalil

CRÔNICA SOBRE A LITERATURA ATUAL

2010-2024

coleção LUSCO FUSCO

Pedro Kalil

CRÔNICA SOBRE A LITERATURA ATUAL
2010-2024

/re.li.cá.rio/

Para o Márcio Macedo

toda dia a paisagem é a mesma
mas a cada vez que olho ganha
nova camada

Marília Garcia, *Paisagem com futuro dentro*

Na ampla gama de cores da crônica as gradações possíveis do contar de uma história multiplicam-se como os matizes de uma única cor. O cronista é o contador da história. O historiador está obrigado a explicar, de uma maneira ou de outra, os acontecimentos de que se ocupa, e de modo nenhum se pode limitar a mostrá-los como casos exemplares do curso do mundo. Mas é precisamente isso que faz o cronista.

Walter Benjamin, *O contador de histórias*,
Trad. João Barrento

Why do we invest so much time and emotional energy in our relantionship with imaginary beings?

Peter Brooks, *Seduced by story*

I remember many Septembers.

Joe Brainard, *I remember*

Como adentrar a literatura atual? A multiplicidade da produção; a expansão e a extensão; as escritas hegemônicas e as que não entram no debate público; a literatura feita por perto e a feita longe; o fim de referências teóricas e estéticas determinantes; e assim por diante. Para invocar Ieda Magri:[1] a dificuldade de nomear a produção do presente. E poderia acrescentar Roberto Calasso:[2] o inominável atual. Ou posso me agarrar a uma proposição de Glória Anzaldúa,[3] utilizada em outro contexto, forçando uma "contenção e bloqueio da nomeação". Mesmo me aproximando de nomes que sobrevoam o presente, parece que só o tateio: campo expandido,

---

1 MAGRI, Ieda. *Da dificuldade de nomear a produção do presente*: literatura latino-americana contemporânea. Rio de Janeiro: 7Letras, 2023.

2 CALASSO, Roberto. *O inominável atual*. Trad.: Federico Carotti. São Paulo: Companhia das Letras, 2020.

3 ANZALDÚA, Gloria. Queer(izar) a escritora – Loca, escritora y chicana. Trad.: Tatiana Nascimento. In: BRANDÃO, Izabel et al. (orgs.). *Traduções da cultura*: perspectivas críticas feministas (1970-2010). Florianópolis: Edufal; Editora da UFSC, 2017. p. 408-425.

literatura fora do lugar, literaturas pós-autônomas. Tentativas muito bem-vindas, mas obviamente incompletas – caberia melhor se dissesse de certa literatura de campo expandido, ou de uma certa literatura que se aproxima da pós-autonomia. Mas, ainda cioso e sem esquecer o que os formalistas defendiam um século atrás, é perceptível que o que temos é uma maior evidência de um tipo de produção em um determinado período do que em outro. Por exemplo, sobre o campo expandido, vamos encontrando seus precursores, como Marjorie Perloff[4] prescreve, com T. S. Eliot ou Walter Benjamin, e poderiam se somar Oswald de Andrade, Patrícia Galvão e tantos outros nomes. Nessa bolsa de valores literária – para usar o termo de Eikhenbaum[5] –, algo hoje parece mais evidente, mas talvez não defina nosso presente. Ou mudando um pouco a mirada: essas formas talvez sejam de um tipo de literatura que ganhou relevo em detrimento de outro e por isso se encontra em maior visibilidade.

Uma percepção inicial: o início da década de 2010 foi o último canto de uma série de escritores que balizaram de

---

4 PERLOFF, Marjorie. *O gênio não original*: poesia por outros meios no novo século. Trad.: Adriano Scandolara. Belo Horizonte: Editora UFMG, 2013.

5 EIKHENBAUM, B. A teoria do "Método Formal". Trad. Ana Mariza Ribeiro Filpouski et al. In: TOLEDO, Dionísio de Oliveira (org.). *Teoria da Literatura*: formalistas russos. Porto Alegre: Globo, 1973. p. 3-38.

certa maneira as décadas anteriores. João Gilberto Noll lança seu último livro, *Solidão continental*, em 2012, e Toni Morrison publica, em 2015, o seu balanço final: *God Help the Child*. Figuras importantes como Ismail Kadaré e Lygia Fagundes Telles também publicam seus últimos volumes, assim como Alice Walker aparece raramente com alguns livros de poesia. Márcia Denser não publica quase nada desde o início do século. Sérgio Sant'Anna vai publicando cada vez menos e até Paul Auster, quando fez suas últimas artimanhas, não teve o destaque que anteriormente lhe davam. E a esses nomes poderiam ser acrescentados outros. Claro que isso não é uma descontinuidade completa ou radical, mas mesmo escritores que continuam publicando, como aqueles que ganharam destaque principalmente a partir dos anos 1990 – como os brasileiros Milton Hatoum, Bernardo Carvalho, Luiz Ruffato, Adriana Falcão –, parecem não gozar de ser uma referência para a literatura atual ou o são somente em parte. E alguns outros – Marília Garcia, Ricardo Domeneck,[6] Anne Carson, por exemplo –, por outro lado, atingem um relevo maior hoje, como se sua existência dependesse do agora mais do que do antes, mesmo tendo publicado seus primeiros livros antes dos 2010. Se temos

---

6 Seria interessante reler hoje o artigo que Ivan Marques publicou em 2007 sobre a poesia de Domeneck e pensar nos desdobramentos a partir daí. Ver: MARQUES, Ivan. A vertigem do arbitrário. *Aletria*, v. 15, n. 1, p. 106-115, 2007.

um "até logo" de certas referências, elas não careceram de luto e a produção literária hoje, de fato, parece muito distinta da primeira década do século e dos anos 1990, uma transformação que dificulta a nossa capacidade de adentrar o mundo, os livros e as palavras.[7] Alguns problemas e questões colocadas na e pela literatura na atualidade parecem se diferenciar das últimas décadas.

> É preciso entender a palavra "geografia" ao pé da letra, como *escritura*. (...) Se a geografia como realidade é escritura, a geografia como saber deverá ser leitura, decodificação, interpretação dos signos dispostos sobre o solo ou na paisagem.[8]

A pergunta com que abro este texto eu me faço há alguns anos: como conviver com essa multiplicidade de composições que pululam por aqui e pelo mundo todo? Depois de um tempo, pensei que a abordagem a ela deveria ser diferente, mas ainda não conseguia delinear senão um método, uma forma de aproximação. Comecei a vislumbrar a possibilidade a partir de um livro do antropólogo

---

7 Evito usar o termo *geração* aqui de propósito, apesar de ser um uso comum para falar de transições entre ciclos de escritores. Nesse sentido, corroboro a crítica e concordo com o problema sobre a ideia de geração que Tim Ingold desenvolveu. Ver: INGOLD, Tim. *The Rise and Fall of Generation Now*. Cambridge: Polity Press, 2024.

8 BESSE, Jean-Marc. *Ver a terra*: seis ensaios sobre a paisagem e a geografia. Trad.: Vladimir Bartalini. São Paulo: Perspectiva, 2014. p. 94. Grifo do autor.

inglês Tim Ingold:[9] *Linhas*. Ali ele desenvolvia a ideia de modos de caminhar, ocupar e perceber o espaço, formas de perambulação e formas navegadoras, algumas que permitiam o encontro inesperado e outras que indicavam o caminho exato. Andarilhar e navegar: duas modalidades que se configuram não por serem da terra ou do mar, mas por carregarem a diferença entre o que Ingold vai chamar de *meshwork*, um conjunto de conexões não tão objetivas, com o intuito de construir uma inteligibilidade de todo o espaço, e, se opondo a ela, *network*, esse modelo fundamental do pensamento contemporâneo e até mesmo de nossa ciência ocidental. Criar redes se torna primordial para constituir cruzamentos, obliterando outras formas possíveis de experiências de conhecimento e aproximação de nossos objetos. Talvez isso não seja exatamente um método. Mas talvez me ofereça uma possibilidade de aproximação desmetodológia ou uma desmetodologia como método: andarilhar pela literatura atual, um pouco a esmo; ler um livro e depois outro, sem me preocupar com o que vou encontrar; não criar teses *a priori*; ter o prazer da viagem com os livros; passear brevemente pelo Japão, retornar ao Brasil e ir buscar notícias da Dinamarca. A ideia deste texto, então, nasce dessa perambulação pela literatura atual – uma viagem? – em busca de constituir

---

9 INGOLD, Tim. *Linhas:* uma breve história. Trad.: Lucas Bernardes. Petrópolis: Vozes, 2022.

uma crônica a partir de uma passagem que parece se abrir por volta dos 2010. Não é que qualquer acaso costure essa perspectiva, mas uma espécie de acaso objetivo como Rémy Lestienne[10] percebeu em importantes construções científicas, como a de Darwin, que é, antes de tudo, um viajante.[11] Não pretendo pensar em uma evolução literária, mas percebo a fragilidade do que proponho, já que se alguém um dia realizar um trabalho semelhante provavelmente irá encontrar resultados muito diferentes, outras aporias e outras percepções. Isso porque esse trabalho é também um trabalho enquanto leitor, um trabalho de percepção e escuta, da imaginação desencadeada enquanto aquele que lê.[12] Porém, sem um recorte muito rígido, a não ser o temporal, acredito que ele possa ajudar a resolver um problema empírico muito contundente: quem teria a condição de ler tudo que foi publicado nos últimos 15 anos? E, além de publicado, aquilo realizado como poesia

---

10 LESTIENNE, Rémy. *O acaso criador*. Trad.: Adriana Rizzo Garcia. São Paulo: Edusp, 2008.

11 Darwin abre assim a escrita de seu *A origem das espécies*: "Em minhas viagens a bordo do HMS Beagle como naturalista, senti-me profundamente impressionado por certos fatos acerca da distribuição dos seres que habitam a América do sul e das relações geológicas entre os atuais e os antigos habitantes desse continente". Ver: DARWIN, Charles. *A origem das espécies*. Trad.: Pedro Paulo Pimenta. São Paulo: Ubu, 2018.

12 Sobre essa experiência, recomendo fortemente este livro: DINIZ, Ligia Gonçalves. *Imaginação como presença*: o corpo e seus afetos na experiência literária. Curitiba: Editora UFPR, 2020.

oral, *slam* e toda sorte de suporte que a literatura utiliza na atualidade? E, claro, como vai ficar óbvio para quem ler este texto, o leitor vai encontrar muito mais lacunas do que um detalhamento de toda paisagem (vai ser notada, obviamente, a ausência de certas obras que tiveram uma repercussão pública muito evidente, assim como certas formas produtivas como a escrita não criativa ou a antropologia especulativa). Não andei com objetivos como os de Euclides da Cunha a caminho do sertão para daí me surpreender: apostei no acaso desde o início, sem demarcar exatamente a estrada a seguir.

A aposta no acaso encontra seus motivos na própria literatura. É curioso notar como existe uma tensão latente na atualidade que se utiliza de associações com um vocabulário de normatizações e organizações como mote para títulos de livros, mas que diz muito mais dessa incapacidade atual de entender o presente. Mapas, inventários, enciclopédias, arquivos e outros mais que aparecem para nomear livros. O que de alguma maneira une obras tão díspares

O mapa de casa.
Jorge Augusto.
O mapa do céu na terra.
Carla Miguelote.
O mapa e o território.
Michel Houellebecq.
Instruções para montar mapas, cidades e quebra-cabeças.
Flávia Péret.
Um mapa todo seu.
Ana Maria Machado.
Princípios de cartografia.
Luis Alberto Brandão.
Inventário.
Francesca Cricelli.
O inventário das coisas ausentes.
Carola Saavedra.
Inventário do azul.
João Anzanello Carrascoza.

é certa incapacidade de dar sentido ao presente, incapacidade de organizá-lo, de modo que as formas cartesianas de pensamento de repente aparecem em seu reverso, como se o famoso inventário "desordenado" de Borges, citado por Michel Foucault[13] no início de seu *Palavras e as coisas,* fosse aqui amplificado. É como se a atualidade não desse nem mais conta de uma organização pela linguagem, de uma ordenação do mundo, em busca de novos modos de representação: temos uma fratura gigantesca e muitas vezes o remédio (e o veneno) é, por um lado, tentar pular a distância entre representação e representado e, por outro, tentar reativar uma ligação mais direta, sem muitas mediações. Ou como se a *doença* – termo que Foucault utiliza em seu livro – estivesse disseminada. Volto à doença adiante.

Pequena enciclopédia de seres comuns. Maria Esther Maciel. *Arquivo das crianças perdidas.* Valeria Luiselli. *Index Cards.* Moyra Davey.

Essa tentativa de observar a literatura através de um encontro que se parece uma viagem tem seus precursores. Ou ao menos aqui os elejo: penso em Roland Barthes, Walter Benjamin e Josefina Ludmer. O que eles têm em comum de imediato é que se parecem mais com intermediadores do que afirmadores. Dizendo de uma outra maneira: eles

---

13 FOUCAULT, Michel. *As palavras e as coisas:* uma arqueologia das ciências humanas. Trad.: Salma Tannus Muchail. São Paulo: Martins Fontes, 2007.

deixam a literatura falar, falam através dela e não parecem buscar textos sabedores do que encontrarão: esse "sabe de alguma coisa", que Barthes dizia sobre a literatura em sua *Aula*.[14] E essa "alguma coisa" é o que quero entender. Aliás, nesse livro, Barthes vai se utilizar de muitas expressões que dizem respeito ao espaço e à forma de ocupá-lo: "deslocar-se" enquanto uso de uma língua contra o poder, "encruzilhada" dos discursos para encontrar um "fulgor do real", em uma "ciência da imprevisão" cujo objetivo é adentrar em uma "paisagem livre por deserança", chegando ao final de seu texto se utilizando da palavra *excursão*, que une tanto a digressão quanto o passeio. E, assim, se volta para pensar o "sentido de sua viagem", algo fantasmático, mas que, todavia, também se desvia porque você pode aparecer em um lugar não tão esperado. Uma viagem da qual, digamos, sabemos mais sobre pontos de partida do que de chegada (se é que existe um ponto de chegada).

> Aprendi a prestar atenção em semelhanças incomuns e a usá-las para criar hipóteses sobre como as ideias são disseminadas pelas pessoas.[15]

---

14 BARTHES, Roland. *Aula*. Trad.: Leyla Perrone-Moisés. São Paulo: Cultrix, 2007.

15 LABATUT, Benjamin. *A pedra da loucura*. Trad.: Mariana Sanchez. São Paulo: Todavia, 2022. p. 27.

Outra possibilidade é Walter Benjamin e seu *O contador de histórias*[16] – apesar de o caminhante estar presente em quase toda sua obra, desde os estudos sobre Baudelaire e o *flanêur* até os escritos de sua própria perambulação do *Diário de Moscou*. *Flanêur* que, é bom lembrar, se tornou uma figura fantasmática de quando as cidades começaram a se comportar como mapas cartesianos, quando as cidades se tornaram as cidades modernas que destruíram suas ruas caóticas que permitiam encontros inesperados para erguer, daí, um planejamento urbano que mais acentuou o isolamento do que reduziu a bagunça: Paris, Londres e Chicago, algumas das grandes cidades do século XIX foram redesenhadas e a consequência foi a diminuição desse elemento aleatório citadino.[17] Isso sem contar as cidades já desenhadas dessa maneira, que podem vir de Belo Horizonte a Xiong'na. Mas voltando a Benjamin: em *O contador de histórias* ele faz uma investigação sobre duas possibilidades: aquele narrador que nunca saiu de uma vila e aquele que era viajante, que estava sempre viajando. Eles funcionavam de maneira complementar, um alimentando o outro naquele mundo ainda de artesões,

---

16 BENJAMIN, Walter. O contador de histórias: reflexões sobre a obra de Nikolai Leskov. In: ______. *Linguagem, tradução, literatura* (filosofia, teoria e crítica). Trad.: João Barrento. Belo Horizonte: Autêntica, 2024. p. 139-166.

17 Ver: WILSON, Ben. *Metrópole*: a história das cidades, a maior invenção humana. Trad.: Odorico Leal. São Paulo: Companhia das Letras, 2024.

um mundo de onde derivavam as ideias de Ingold de perambular, do uso da mão na escrita, de outras formas de troca e contato. Viajar e permanecer se somam. O ponto diverso em Benjamin é que ele coloca como modelo de viajante o navegador mercantil, justamente o exemplo que o antropólogo inglês se utiliza para dizer da normatização do espaço, aquele que viaja em linha reta, com objetivo bem traçado. Quando Benjamin pensava nessas figuras, ele refletia sobre como desaparecia do mundo essa figura do narrador atado à transmissão da experiência, cuja força vinha de um certo tipo de tradição. Então tínhamos esses dois modelos que foram se tornando cada vez mais escassos durante a modernidade, e que foram se dissolvendo ao mesmo tempo que a artesania era substituída por máquinas e um saber industrial. Se seguirmos seus passos, não seria estranho que em um mundo alienado do próprio trabalho começassem a surgir narradores cada vez mais alheios ao mundo e a si mesmos. Narradores que não sabem quem são, como o de *Malone Morre*, de Beckett, ou os que se perdem ao se procurar, como os da *Trilogia de Nova York*, de Paul Auster. Ou esse personagem, o homem de gris, de *A noite*, de Érico Veríssimo, que rondava a cidade tentando reconhecer mais a si mesmo do que os outros e o espaço. Aqui, a distinção parece de alguma maneira mantida – os que ficam e os que andam para se perder –, mas em um novo diapasão, muito mais alienado de si e do mundo. Essa distinção entre os parados e os moventes ainda seria pertinente? Vou sugerir, logo adiante, dois espaços em que os narradores e/ou seus personagens parecem transitar: a casa e as ilhas urbanas, se situando na primeira os imóveis e nestas, os moventes, mas moventes em espaços mais delimitados, ou que vão transitar por outras ilhas. A casa parece funcionar como espaço de reminiscência, enquanto as ilhas urbanas como de rememoração – mantendo o vocabulário benjaminiano.

Por fim, Josefina Ludmer e seu *Aqui América Latina*.[18] A teórica argentina adota a especulação para falar da literatura latino-americana do início do século. Pode-se dizer que esse texto se trata mesmo de uma especulação, uma tentativa de dar "sintaxe aos textos", como ela sugeria. Assim, sem medo de totalizar, este texto deve ser pensado enquanto especulação, no sentido que Ludmer dava ao termo. De todo modo, ainda empresto dela, como será visto adiante, a ideia de ilha urbana como característica que, de alguma maneira, ainda permanece na literatura atual.

> A literatura é o comércio com os fantasmas.[19]

---

18 LUDMER, Josefina. *Aqui América Latina*: uma especulação. Trad.: Rômulo Monte Alto. Belo Horizonte: Editora UFMG, 2013.

19 HARWICZ, Ariana. *O ruído de uma época*: aforismos, correspondências e ensaios. Trad.: Silvia Massimini Felix. São Paulo: Instante, 2024. p. 50.

Em alguns momentos, parece que a casa está mais próxima da poesia e as ilhas urbanas, da prosa. Uma afirmação categórica dessas poderia indicar alguma espécie de teoria dos gêneros e apontar uma inversão significativa do século XIX, quando a poesia saía para caminhar e a burguesia construía seus romances (e dramas) com um monte de gente visitando a casa de um monte de outras pessoas (isso ao menos até antes da cidade virar, ela mesma, o personagem principal de romances). Sei não ser possível uma afirmação desse nível, mas é uma mirada que nos convida a pensar: a casa, esse espaço familiar (algumas vezes estranhamente familiar), se torna centro de investigação de um número crescente de poemas e livros, cujo objetivo não é necessariamente contar histórias, mas buscar reminiscências, um resto, um pó ou, dentro da lembrança, um fulgor para a vida. Denilson Lopes[20] identificava no início do século a volta da casa na

O livro das semelhanças.
Ana Martins Marques.
Como se fosse a casa (uma correspondência).
Ana Martins Marques e Eduardo Jorge.
As durações da casa.
Julia de Souza.
"Corpo no azul-piscina", em *Aceno.*
Tatiana Pequeno.
Hardly War.
Don Mee Choi.
Como se desenha uma casa.
Manuel António Pina.
"Não escrever", em *Fotos ruins muito boas.*
Moema Vilela.
"Queimados", em *Vingar.*
Danielle Magalhães.

---

20 LOPES, Denilson. A volta da casa na literatura brasileira contemporânea. *Luso-Brazilian Review*, v. 43, n. 2, p. 119-130, 2006.

literatura, centrado mais na prosa, em duas alternativas: a decadência da casa rural ou a relação do espaço doméstico com a violência urbana. Nesse conjunto atual, parece não mais se firmar nessas perspectivas: desenhar uma casa, retornar à casa, ver seus cômodos, abrir livros, até chegar à ruína dela; ou a visão da janela, a impermanência, a respiração da casa, um fóssil por fazer, uma coleção de cacos; o inverso do inacabado, uma espécie de museu, tentativa de pertencer a um mapa, o acúmulo de toda sorte até se chegar à soleira; o impossível retorno à casa e a incompletude das casas futuras; os fantasmas (e o próprio fantasma) que percorrem todos os cômodos do espaço familiar; das maçãs (do rosto) gastas e o ir embora ainda se lembrando das sensações que se fundem em sépia; a casa como uma base linguística e física em contraponto a um perpétuo adeus e o retorno como ato político de traduzir e escrever; a casa entre a escrita, os afazeres e toda sorte de formas de guardar memória; até mesmo a impossibilidade da casa e suas mudanças constantes. Casas quase sempre solitárias (ou com uma experiência

Nunca há nada.
Luciana Freire D'Anunciação.
Lar,.
Armando Freitas Filho.
Já não posso voltar a casa.
Viviane Monteiro Maroca.
"Atrás do nome", em *Nós só compreendemos muito depois.*
Taís Araruna de Aquino.
A chave de casa.
Tatiana Salem Levy.
Foster.
Claire Keegan.
Preocupações.
Ana Guadalupe.
Formas de voltar para casa.
Alejandro Zambra.

solitária), em que o encontro físico parece impedido e o seu contato se dá pelas palavras, como se elas construíssem muros e telhados (já arruinados). Ou relatos de vidas que não existem mais ali e o isolamento que tenta movimentar as cortinas, já que a respiração cessou. Ou, ainda, a casa como espaço político: traduzir o que restou da casa para torná-la pública. Abrir suas portas e derrubar alguns muros. Talvez esse seja um sintoma mais expressivo: o espaço mais privado transformado em público como possibilidade de manter a reminiscência ao mesmo tempo que se diz de uma experiência que é especialmente particular. Uma casa é mais que um espaço físico: é uma vida em um espaço em um momento do mundo em que toda espacialidade se transmuta em experiência solitária e/ou política, por mais que esse movimento acabe formando uma aporia da atualidade.

> Henrique: Eu acho que foi essa tempestade que arrastou a Natal de Jacy e foi essa mesma Natal que me ofereceu, naquela manhã de março de 2010, a possibilidade de encontrar essa frasqueira. Um simples fragmento do passado. Uma ruína de uma vida, jogada em uma das esquinas mais movimentadas da cidade de Natal.[21]

---

21 GRUPO CARMIN. *Década Carmin*. Natal: Fortunella Casa Editrice, 2017. p. 55.

Mesmo quando a casa aparece de forma significativa em romances, ela muitas vezes se torna também memória ou desejo de constituir memória. Não à toa, alguns romances que tratam do Alzheimer dos pais repetem a mesma cena: os pais, bem velhos, com a memória bem falha, têm como pedido voltar para a casa, espaço que não esquecem, mas que tampouco existe mais. Mas volto à doença e especialmente ao Alzheimer em outro momento. Aqui, é interessante como o espaço privado encontra ressonância no público e não deixa de ser digno de nota que boa parte dessas obras vão partir de autoras mulheres, como se o espaço doméstico também se tornasse um *locus* importante de produção poética e de suas memórias e memórias de outras pessoas. Mantenedoras da memória, as mulheres a carregam ao público em um movimento que não é novo – as feministas estadunidenses realizaram toda sorte de intervenção nesse sentido nos anos 1970 –, mas que se renova para dizer de um mundo em que essa barreira parece não mais se sustentar. Não se trata aqui de buscar uma nova unidade entre o público e o privado, como em uma unidade nacional que Doris Sommer[22] encontra na literatura romântica da América Latina, mas uma bagunça entre esses espaços. O voltar para casa aqui não é mais também uma sinonímia entre casa e pátria. É

---

22 SOMMER, Doris. *Ficções de fundação*. Trad. Gláucia Renate Gonçalves; Eliana Lourenço de Lima Reis. Belo Horizonte: Editora UFMG, 2004.

um privado que invade o público, mas não em busca de uma pacificação, pelo contrário: busca reconfigurações sobre os espaços que temos em comum.

> O que não é fotografia
> dependerá da memória.[23]

Isso talvez ajude a entender a quantidade de livros que se utilizam de arquivos familiares em sua composição. E isso acontece não só na literatura. Veja o disco *Carrie & Lowell*, do Sufjan Stevens: um disco sobre o luto da mãe e a relação do cantor com o padrasto, em que a capa e toda arte do disco são compostas por fotografias de arquivos familiares, construindo uma espécie de álbum que tenta superar a perda a partir de uma perspectiva bem direta do assunto. Voltando à literatura: se no século XX livros em que fotografias apareciam como constituintes do texto literários eram raros – como os do André Breton, Sophie Calle, W. G. Sebald ou *Os sertões*, de Euclides da Cunha –, no século XXI, e principalmente nos últimos 15 anos, o número disparou. É como se vivêssemos em uma era sebaldiana. Não tem a ver somente com como essa relação alterou as percepções visuais nas duas artes, como Jonathan Kamholtz[24] bem analisou, mas com esse uso

---

23 RIBEIRO, Ana Elisa. *Álbum*. Belo Horizonte: Relicário, 2018. p. 34.

24 KAMHOLTZ, Jonathan. Literature and photography: the captioned vision vs. The firm, mechanical impression. *The Centennial Review*, v. 24, n. 4, p. 385-402, 1980.

de material privado e íntimo. Uma grande quantidade de escritores discutiu a fotografia – como fica óbvio na antologia *Literature and photography*, organizada por Jane M. Rabb[25] –, e das mais diversas estirpes: do pioneiro Edgar Allan Poe a John Updike, passando por Allen Ginsberg, Octavio Paz, Yukio Mishima, Bertholt Brecht e Ezra Pound. Mas poucos realmente as utilizaram em seus livros a não ser como referência – especialmente na América Latina.[26] Me chama particularmente a atenção não só a inserção de fotografias – que já estabelece uma nova relação entre literatura e as outras artes, em geral, e a literatura e a fotografia, em particular –, mas desses arquivos familiares (ou que se pretendem como familiares). Em uma boa parte dos livros, é necessário criar uma espécie de narrativa moldura para dizer de como as fotos foram encontradas ou descobertas, uma artimanha daqueles

25 RABB, Jane M. (org.). *Literature and photography*: interactions 1840-1990. Albuquerque: The University of New Mexico Press, 1995.

26 Chama a atenção sobre a quantidade de contos em que a fotografia tem um papel fundamental ao longo do século XX, como *Fotos*, de Robert Walsh; *As babas do diabo*, de Júlio Cortázar; *As fotografias*, de Silvina Ocampo; e *O olho Silva*, de Roberto Bolaño, para citar só alguns. Existe um ensaio importante sobre o texto de Bolaño que chega a citar também o de Cortázar: NATALI, Marcos. Da violência, da verdadeira violência. In: ______. *A literatura em questão*. Campinas: Editora Unicamp, 2020. p. 207-240. Ainda sobre outros textos latino-americanos, pode-se conferir: BRIZUELA, Natalia. *Depois da fotografia:* uma literatura fora de si. Trad.: Carlos Nougué. Rio de Janeiro: Rocco, 2014.

antigos narradores que Benjamin evocou em seu ensaio e que remetem ao século XIX.[27] Assim, as circunstâncias podem variar, mas o aparecimento dessas molduras diz de uma dupla confirmação de veracidade para as fotografias – como se a fotografia já tivesse perdido esse índice de realidade, ou ainda aquele "ter mesmo estado ali", que Barthes[28] evoca em seu *A câmara clara*, e necessitasse de um procedimento ficcional para atingir seu grau de verdade. Encontradas em uma caixa de sapatos no fundo do armário de casa, achadas jogadas na rua ou arrumando as coisas da mãe morta, as fotografias parecem criar o palco para uma contranarrativa, em que as histórias perdidas parecem ganhar vida fantasmaticamente, revindo o fantasma como aquele que inaugura ao mesmo tempo o passado e a primeira vez, de maneira quase derridiana. Poderíamos dizer de uma vida das fotografias que tumultua a certeza e nos convida a olhar e a olhar novamente em busca senão de um *punctum*, de uma outra mirada para uma mesma imagem.

Saia da frente do meu sol.
Felipe Charbel.
Os Modlins.
Paco Goméz.
Book of Mutter.
Kate Zambreno.

---

27 Sobre narrativas moldura, ver: MEDEIROS, Constantino Luz de. As faces de Janus: um olhar sobre a narrativa moldura como procedimento literário. *Palimpsesto*, Rio de Janeiro, v. 11, n. 14, p. 1-15, 2018.

28 BARTHES, Roland. *A câmara clara*. Trad.: Júlio Castañon Guimarães. Rio de Janeiro: Nova Fronteira, 1984.

depois   quando começam a ver
as fotografias com outros olhos
algo aparece:
uma verdade que ainda não existia

aparição   *fantasma*

neste caso
precisam de uma distância temporal
para ler.[29]

Outros contemplam fotos tiradas pelos próprios autores: fotografias de viagens e encontros familiares, cartas, diários e todo tipo de reprodução são utilizados em livros para recompor e reinterpretar a própria história e/ou a História: uma viagem pelo sudeste asiático abre espaço para reflexões sobre o Brasil e os processos históricos do mundo, ao mesmo tempo que se questiona o lugar do humano; as entranhas de uma festa familiar em que se compartilha as vísceras dos animais; o próprio processo de adoção e as notícias de jornais; o

Maré cavala. Raiça Bomfim e Lucas Moreira. *Cinelândia.* Leila Danziger. *Nox.* Anne Carson. *Uma exposição.* Ieda Magri. *Vingar.* Danielle Magalhães. *O jovem.* Annie Ernaux. *Brilha como vida.* Maria Grazia Calandrone. *A libertação de Laura.* Helena Zelic. *A água é uma máquina do tempo.* Aline Motta. *O jardim secreto dos sonhos perdidos.* Cecilia Urioste.

29 GARCIA, Marília. *Parque das ruínas*. São Paulo: Luna Parque, 2018. p. 34.

mar e suas deambulações e a memória do sal; protestos na cidade emoldurados em janelas de cortinas esvoaçantes; a história da mãe e da cidade entrelaçadas em meio à violência e (uma tentativa de) redenção; o jovem amante e a sua relação com a autora já mais velha; o irmão morto na Europa, há muito desaparecido, retorna por meio de sua caligrafia e imagens em uma constante tentativa de tradução. Aliás, chama a atenção, inclusive, o aparecimento da letra escrita à mão que retorna como imagens, deixando o rastro de maneira mais contundente. Reminiscências próprias aparecem enquanto índice da própria história ou da história das outras pessoas, buscando rastros deixados ao longo do caminho. É como se a "telepatia dos arquivos" – como Susan Howe[30] refletiu – encontrasse ressonância no próprio artesanato da escrita, mas não para confirmar a História, mas a escrevendo a contrapelo, com outras possibilidades de miradas, incluindo vidas que nunca acessariam, a princípio, a grande narrativa. Esses restos e paratextos adentram o espaço do livro e reconfiguram a própria prática da escrita, que, muitas vezes, vai criar um laço (e talvez uma dependência) com os arquivos. E como

Todo mar.
Ana Kiffer.
Um livro dos dias.
Patti Smith.
Deriva.
Adriana Lisboa.
O discurso do tempo.
Marcos A. P. Ribeiro.
Suturas.
Gilvan Barreto.

30 HOWE, Susan. *Spontaneous Particulars*: the telepathy of archives. New York: New Directions, 2014.

na confusão do arquivo de William Carlos Williams que Howe investiga, esses rastros dão uma dimensão que é do efêmero, mas em tensão com a tentativa de criar alguma permanência: como toda história de uma vida é passageira, se retorna ao livro para construção de um espaço repleto de reminiscências que tentam testemunhar uma vida. O livro volta a ter algo de sacralidade, de relicário, em que uma vida volta a ser vivida. O livro, em alguns casos, portanto, se torna, ele mesmo, um fantasma. Esse livro e essa literatura contaminados do mundo talvez sejam uma forma de manter a sua vivacidade, se pensarmos nessa contaminação via Roberto Esposito, não pensando a literatura como uma forma de se manter como si mesma, mas renascendo de diferentes formas.[31]

> O mundo é o pobre depois do fim do proletariado.[32]

Mas e as ilhas urbanas? Quem pensou nesse conceito foi Josefina Ludmer em seu *Aqui América Latina*. As ilhas urbanas, segundo a autora, não são nem uma metáfora, nem metonímia, mas uma "fábrica de imagens e enunciados

---

31 Diz o autor italiano: "para a vida, a única maneira de diferir da morte não é a de conservar-se como tal, eventualmente sob a forma imunitária da proteção negativa, mas de renascer continuamente sob diferentes formas". Em: ESPOSITO, Roberto. *Bios:* biopolítica e filosofia. Trad.: Wander Melo Miranda. Belo Horizonte: Editora UFMG, 2017.

32 LUDMER. *Aqui América Latina*: uma especulação, p. 91.

territoriais", provisórios e muitas vezes contraditórios, caracterizados por um dentro-fora, pelo interno-externo, possibilitando pensar sobre o social longe da sociedade, o histórico sem a história e o político sem a política. Aquelas ilhas são como máquinas que determinam a sincronização de vários elementos que não são vistos mais como independentes (o político, o cultural, o social e assim por diante), chegando no limite à autonomia da literatura ou ao que ela vai chamar de literatura pós-autônoma. É possível pensar que existe uma continuidade nessa formulação de ilhas, mas com um certo retorno, senão do político, ao menos do social, como se desses cruzamentos surgisse uma montanha mais evidente na paisagem. Assim, bairros ou pequenos distritos são o lar das personagens que se limitam praticamente em suas interações, sejam eles locais ou entre imigrantes. Ou os acontecimentos centrados justamente em uma ilha vulcânica. Ou a periferia que se encontra no centro sempre no desconforto de um trabalho precarizado em busca de pequenas revoluções. Ou o monturo como espaço do descarte e da possibilidade de poesia, resgatando o resto da

NW.
Zadie Smith.
Cinzas na boca.
Brenda Navarro.
Front.
Edimilson de Almeida Pereira
Paisagem com dromedário.
Carola Saavedra.
Os supridores.
José Falero.
Pra onde quer que eu vá será exílio.
Suzana Velasco.
Para você não se perder no bairro.
Patrick Modiano.

“civilização”. Ou a falta de comunidade de imigrantes não importa em qual local esteja.

And unheard is what we are.[33]

E nessa perspectiva se alerta para a experiência do imigrante. Sandra Regina Goulart Almeida[34] destaca essa tensão entre um cosmopolitismo “positivo” (que tem origens ainda durante o romantismo) e um tipo de cosmopolitismo abjeto, principalmente quando a diáspora incide em corpos marcados por subalternizações. Mas hoje esse ponto merece receber uma atualização: parece que aquela antiga sensação da modernidade de não pertencimento parece se acentuar nesse estrangeiro que, justamente, se aventura em um mundo supostamente cosmopolita e que se estende até para aqueles que, mesmo de longe, estabelecem certa relação com os centros do mundo. Parece que esse migrante enfrenta personagens que sentem o pertencimento, que são os “originais” da nação, que todavia só estranham o redor quando esse outro se apresenta. Esse ser que se move para além das fronteiras constitui o outro do Ocidente no berço do Ocidente, descentralizando o incômodo. E esse incômodo pode perpassar uma série de encontros, seja de

---

33 JELINEK, Elfriede. Charges. In: ______. *Three plays*. Calcutá: Seagull Books, 2019. p. 383.

34 ALMEIDA, Sandra Regina Goulart. *Cartografias contemporâneas*: espaços, corpo, escrita. Rio de Janeiro: 7Letras, 2015.

classe – os imigrantes e seus trabalhos precarizados –, de linguagem, de raça e de gênero. Mas a questão da língua acaba ganhando uma relação bastante ímpar, porque em um mundo plurilinguístico a língua materna chama o personagem para o encontro de si mesmo, o que causa um constante estranhamento no confronto com a língua do país de destino e a língua materna, que, como Derrida bem explicitou, é, ela mesmo, uma aporia.[35] A língua, nesse sentido, permanece uma preocupação literária, ganhando formulações diversas de uma "língua poética", sendo *locus* de provocação ao misturar – muitas vezes sem tradução – línguas majoritárias com as da origem do personagem e/ou autor: intromissão do coreano no meio de um texto em inglês; palavras de origem banto no meio dos textos da metrópole portuguesa, assim como o dacota pode impregnar o inglês. A não tradução desses textos e vocábulos é significativa como modo de desestabilizar a grande língua, contaminando-a, o que é muito diferente de certa prática poética de T. S. Eliot no seu *The Waste Land*, por exemplo, em que misturava línguas quase sempre majoritárias.

Look.
Solmaz Sharif.
Hardly War.
Don Mee Choi.
Whereas.
Layli Long Soldier.
Céu noturno crivado de balas.
Ocean Vuong.
"Charges", em *Three plays.*
Elfriede Jelinek.

35 DERRIDA, Jacques. *O monolinguismo do outro ou a prótese de origem.* Trad.: Fernanda Bernardo. Belo Horizonte: Chão da Feira, 2016.

Assim, a "súplica" do imigrante ultrapassa a linguagem e se faz em um apelo a partir de um mundo que o Ocidente deixou em destroços, sendo o refugo da violência colonizadora atual, de uma necropolítica que se articula a partir de uma série de corpos matáveis.

> Por que não você? Por que não você nesta cidade e nesta noite parecida com as outras a ponto de se confundirem?[36]

A violência tão destacada em literaturas durante a última passagem do século ganha hoje outros contornos dentro das ilhas. Hoje ela parece sempre em estado iminente. E aqui é interessante que essa violência – que tantas vezes perpassou vários núcleos sociais, ainda mais na América Latina, em obras de autores diversos como Rubens Fonseca ou Roberto Bolaño – agora não parece necessariamente vir da pobreza, da precarização, das "pessoas estragadas", como Noll as nomeou num outro livro, mas das próprias forças que deveriam zelar pela segurança, essas forças especiais. E é uma violência iminente porque ela parece que pode acontecer

Forças especiais.
Diamela Eltit.
Detalhe menor.
Adania Shibli.
Look.
Solmaz Sharif.
"2035", em *Sul.*
Veronica Stigger.
"Ana Davenga",
em *Olhos d'água.*
Conceição Evaristo.
Perto daqui.
Tázio Zambi.
República surda.
Ilya Kaminsky.
Maré.
Marcio Abreu.

---

36 DURAS, Marguerite. *Hiroshima meu amor*. Trad.: Adriana Lisboa. Belo Horizonte: Relicário, 2022. p. 51.

a qualquer momento e, quando ocorre, é sem aviso: a violência de Estado se implementa sem chance para um recuo, fuga, revolta ou resistência. É muitas vezes gratuita e desmedida, indiscriminada e sem um objetivo que não seja a própria violência (enquanto reviso este texto a imagem de um policial de São Paulo jogando uma pessoa de uma ponte aparece nos telejornais). Uma violência que de alguma maneira é a própria guerra contemporânea que não distingue civis e combatentes, que é comandada por *drones* que modificam a própria estrutura do conflito, dos enfrentamentos, e as próprias relações de disputa entre humanos. Grégoire Chamayou[37] nos chama a atenção que a violência propagada pelo Estado no século XXI, sobretudo a partir da "legalização" do uso de *drones* a partir do governo Obama, tende a "desativar a postura crítica" dos agentes de violência e, em último caso, da violência em si. Não existe "diante da dor dos outros",[38] já que ninguém está diante de ninguém. Não existe a responsabilidade infinita de Levinás[39] já que não há mais rosto. Dessa forma, nos parece notável que boa parte da violência cometida seja por agentes sem nome, sem

---

37 CHAMAYOU, Grégoire. *Teoria do drone*. São Paulo: Cosac Naify, 2015.

38 SONTAG, Susan. *Diante da dor dos outros*. Trad.: Rubens Figueiredo. São Paulo: Companhia das Letras, 2003.

39 LEVINAS, Emmanuel. *Violência do rosto*. Trad.: Fernando Soares Moreira. São Paulo: Loyola, 2014.

caracterizações muito longas e muitas vezes desprovidos de qualquer consideração ética. A violência agora parece anônima, levantando a questão que se tem alguém sendo violentado, alguém pratica essa violência. Mas quem são esses agentes da violência? Uma espécie de Estado (sem nação, mas ainda com o mercado) em complexa desconexão com os povos e os humanos e outras criaturas que habitam esses territórios. O que parece restar do Estado é o uso indiscriminado de sua própria força.

Aqueles que conseguem atravessar e habitar diversas ilhas urbanas, contudo, o fazem de ao menos duas maneiras: submersos e se desviando das formas de impedir esse deslocamento, como garotos vendendo chocolates para comprar um tênis para ir a um baile funk (mas para daí retornar a sua ilha), ou atravessando a cidade de forma bastante direta, em seus táxis e transportes públicos. Mas, mesmo assim, a violência pode aparecer como o discurso atávico do taxista que despeja verbalmente a raiva e o ressentimento na passageira ou da mototaxista que é questionada por ser mulher e sobre

Dois amores. Paulo Lins.
"Páreo", em *Passagem estreita.* Divanize Carbonieri.
"Moto de mulher", em *Redemoinho em dia quente.* Jarid Arraes.
"Drive my car", em *Homens sem mulheres.* Haruki Murakami.
A cláusula do pai. Jonas Hassen Khemiri.
No. 91/92. Lauren Elkin.
Parque das ruínas. Marília Garcia.
Mars Club. Rachel Kushner.
Customs. Solmaz Sharif.

os lugares que ela poderia trabalhar com sua moto. Em outros casos, o carro se torna um lugar de refúgio, de um pequeno momento entre violências, com seus motoristas ouvindo música clássica. E mesmo em um diário poético sobre uma linha de ônibus – e como as pessoas se isolam em *smartphones* dentro desse antigo espaço tão público e de mistura – é a violência que aparece ao final: os ataques terroristas ao Charlie Hebdo. Ataques que aparecem também no infraordinário de olhar e fotografar uma ponte todos os dias causando uma espécie de interrupção. Dos ataques surgem o medo dos fones de ouvido e dos celulares serem armas que poderiam explodir a qualquer momento – algo que Israel utilizaria como arma em 2024 no Líbano. Dessa forma, todo o discurso do terrorismo e da guerra ao terror que inaugurou o século XX encontra seu espelho: agora o Estado é o terrorista e pode, desavisadamente, invadir, prender, bater e matar, colocando a vida de todas as pessoas entre os parênteses da violência que tem como um dos paradigmas o *drone*.

A literatura atual parece apresentar muitos corpos que transitam entre suas páginas. Além de imigrantes de todos os tipos e origens, temos a presença de um grande número de outrora subalternizados, mas também a continuidade desses corpos majoritários percorrendo o espaço literário. Mas, por outro lado, o que se destaca não são os corpos

Mãos.
Sarah Valle.
Mudar de ideia.
Aixa de la Cruz.
Sistema nervoso.
Lina Maruane.
Os patos.
Flávia Péret.
10:04.
Ben Lerner.

saudáveis e muitas vezes nem os corpos eróticos ou heroicos. Se Terry Eagleton[40] chamava a atenção que parte da crítica cultural do século XX pensava os corpos como um "tópico imensamente chique, na moda", esse corpo, em geral, era "o corpo erótico, não o esfomeado", e nem o da classe trabalhadora, os machucados, brutalizados, tristes, derrotados. Na atualidade, entretanto, o que temos é um corpo doente: o corpo é parte de uma sociedade mazelada – e aqui se mantém mesmo a relação – e a doença atravessa uma boa quantidade de textos que exploram justamente uma miríade de infecções, traumas, dores, flagelos e perturbações. E é algumas vezes dessas doenças que se derivam as narrativas e poesias (que em alguns momentos se aproximam do ensaio) para contar a história de um corpo. Não sei se é mais possível retomar a doença como metáfora, que um dia Susan Sontag[41] evocava para falar primeiro do câncer e depois da AIDS: muitas vezes a doença é reivindicada como a impossibilidade da metáfora, como se a dor física não fosse passível de metáfora ou

---

40 EAGLETON, Terry. *Depois da teoria*: um olhar sobre os estudos culturais e o pós-modernismo. Trad.: Maria Lucia Oliveira. Rio de Janeiro: Civilização Brasileira, 2016.

41 SONTAG, Susan. *A doença como metáfora*. Trad.: Márcio Ramalho. Rio de Janeiro: Graal, 1984.

outras elaborações. Aqui se coloca uma espécie de limite que Wittgenstein desenvolve em suas *Investigações filosóficas*, nas quais estabelece esse paralelo enganador entre "o grito, expressão da dor – a frase, uma expressão do pensamento!".[42] Entretanto, é aqui que o filósofo austríaco nos coloca em uma aporia entre aquilo que sentimos internamente – e sei que sinto – e aquilo que o outro só pode acreditar que estou sentindo. Enfim, a própria palavra *dor* já não é a dor em si, mas justamente um lugar adiante. Se a dor poderia ser mais bem entendida como um grito, a literatura pode ser o ouvido.

De todo modo, é inegável que duas doenças estão mais presentes e poderiam ser a complementação do texto da Sontag, se fosse o caso: a demência – mas principalmente o Alzheimer – e a depressão – que muitas vezes culmina no ato final do suicídio. O papel pode se inverter: o narrador ou o eu lírico pode ser vítima da doença ou pode estar acompanhando o doente; ser aquele que relata os momentos últimos, o portador do luto que marca no corpo e na alma a doença do outro. Poucas obras conseguiram ser tão radicais para falar do Alzheimer quanto os discos de The Caretaker, *Everywhere at the end of time*, que foram lançados entre 2016 e 2019, divididos entre seis partes, e que não vão refletir sobre a doença,

---

42 WITTGENSTEIN, Ludwig. *Investigações filosóficas*. Trad.: José Carlos Bruni. São Paulo: Nova Cultura, 1999.

mas apresentá-la musicalmente, com uma deterioração musical que avança como os estágios da doença, como Mark Fisher[43] tão bem elaborou. Cito o The Caretaker para chamar a atenção de como boa parte da literatura atual não apresenta formulações que tentam ser as suas questões, mas procura investigar e falar sobre elas, e isso se torna mais significativo quando se trata das doenças. Não temos muitos textos doentes, mas sim que falam sobre a doença. Assim como não temos muitos textos que são o mal-estar contemporâneo, mas que falam sobre esse mal-estar. Diferentemente, para citar mais uma vez a música, os dois últimos álbuns da banda Low (*Double Negative* e *HEY WHAT!*), antes da morte de Mimi Parker, são, eles mesmos, o mal-estar cheio de barulho, ruído, dissonâncias e microfonias. É como se a literatura não pudesse ser aqueles símbolos que representam a si mesmos, para roubar o título do livro de Roy Wagner.[44] E isso é algo que a literatura, em outros momentos, buscava em obras como as de Samuel Beckett, Marguerite Duras, William Carlos Williams ou, em alguma medida, Dalton Trevisan, por exemplo. É como se esse modernismo literário encontrasse menos ressonância na atualidade, em

---

43 FISHER, Mark. *Fantasmas da minha vida*: escritos sobre depressão, assombrologia e futuros perdidos. Trad.: Guilherme Ziggy. São Paulo: Autonomia Literária, 2022.

44 WAGNER, Roy. *Símbolos que representam a si mesmos*. Trad.: Priscila Santos da Costa. São Paulo: Editora Unesp, 2018.

busca de falar mais sobre do que apresentar a coisa em si, algo que vai ser particularmente digno de nota quando se tratar da memória ou do Alzheimer. Algo ainda a se acrescentar: as pessoas que vivem no século XXI, com uma expectativa de vida cada vez maior, têm que lidar também com um aumento do número de pessoas que são diagnosticadas e que morrem de demências. Essa, talvez, seja a primeira vez em que essa doença que não é nova se apresenta de modo tão significativo na humanidade, em um período em que a própria força política e econômica se constitui em amnésia. E não deixa de ser irônico que os dois principais políticos que ditaram os rumos do mundo em que estamos hoje – Margaret Thatcher e Ronald Reagan – tenham morrido decorrente de demências. Obviamente isso deve ter a ver com a dificuldade de se lidar com o tema, mas também com uma certa crise da metáfora. Falar sobre as doenças e as dores e refletir sobre elas faz com que a literatura se aproxime algumas vezes mais do ensaio do que mantenha o pé na ficção. E essa crise da metáfora pode ser pensada conjuntamente com a crise da memória. Não vai ser à toa que algumas obras vão relacionar justamente a doença e o esquecimento com eventos políticos e, mais notadamente, na América Latina, essa relação se estabelece

Diário da queda.
Michel Laub.
A mulher que andava em círculos.
Éder Rodrigues.
O jardim secreto dos sonhos perdidos.
Cecilia Urioste.
Ainda estou aqui.
Marcelo Rubens Paiva.
John.
Julia de Souza.

entre os doentes e os processos de esquecimento do último ciclo de ditaduras e de terrorismo de Estado. Processo de esquecimento que vai se transformando de uma tentativa de memória até o resto de reminiscências e ao apagamento dos momentos traumáticos desse continente, que o transforma em um espaço em que parece que estamos sempre procurando alguém que desapareceu (a busca de um desaparecido, seja porque sumiu por vontade própria ou pelas mãos de agentes do estado, ainda é um importante mote narrativo). Mas se em outro momento buscávamos corpos, agora, além deles, buscamos a memória em um corpo que ainda está lá. Coincidir o esquecimento com o corpo presente, a brutalidade estatal com o corpo doente, não me parece uma mera coincidência, mas uma tentativa de elaborar ainda sobre a relação em constante fissura entre o país e seus habitantes que não mais se reconhecem enquanto parte de um todo maior. Então, não espanta que aquele tempo homogêneo que Benedict Anderson[45] pensou sobre a literatura e as comunidades imaginadas seja, cada vez mais, ausente nos romances – mas também em textos dramáticos e poéticos –, em que o descompasso

K.: relato de uma busca.
Bernardo Kucinski.
Jacy.
Pablo Capistrano, Iracema Macedo e Henrique Fontes.
Do mar às pedras.
Davis Diniz.
Araras vermelhas.
Cida Pedrosa.

45 ANDERSON, Benedict. *Comunidades imaginadas*. Trad.: Denise Bottmann. São Paulo: Companhia das Letras, 2008.

do tempo é dado como um extrato da demência. E, para isso, algumas vezes, a literatura vai um pouco para fora de si e se aproxima de outras formulações.

> When love is gone
> Where does it go?[46]

Um parêntese para um pequeno relato: outro dia, voltando para a casa, um taxista começou a falar dos prédios do Centro que as pessoas utilizam para se suicidarem. Ao invés de dizer com espanto, ele me dizia rindo e se incomodava com as pessoas que insistiam em pular do Edifício Acaiaca, já que isso atrapalhava o tráfego muitas vezes. O suicídio como ato final não parecia para ele um epiteto trágico, mas um "problema", especialmente um problema para si e as tribulações do dia a dia, mais do que para aquele que sofre e morre (ou aqueles que viverão o luto). A tristeza, expulsa do cotidiano, não parece apresentar uma purgação, e ela se torna um problema não por causa dos corpos doentes, mas por como a doença o atrapalha. Nesse sentido, a literatura se estabelece enquanto espaço possível para tratar do assunto de maneira bem diversa e a depressão se torna um ponto importante. Personagens deprimidos próximos ao suicídio ou que suicidam aparecem em larga medida; reflexões melancólicas ou a

---

46 AFTERLIFE. Intérprete: Arcade fire. In: *Reflektor*. Sonovox: Merge, 2013 (4 min.).

experiência do luto ganham contornos doloridos muito diferentes dos desenhos que o motorista que me levava para casa alinhava. Se o Alzheimer é uma crise da memória, a depressão é uma crise da vivência. Nem todas as obras são epitáfios, como o foram o livro *Suicide* de Édouard Levé, lançado em 2008 – que se matou logo depois de deixar o original com o editor –, ou o disco homônimo do Purple Mountains, cujo compositor, David Berman, terminou com a própria vida e desencadeou uma série de outras obras de outros artistas que pode ter como emblema o *disco An Overview on Phenomenal Nature*, de Cassandra Jenkins, para lidar com a morte do compositor. Nem são como as obras de Sylvia Plath, Anne Sexton ou Florbela Espanca, em que a morte parece pairar constantemente. Na grande maioria dos casos são as pessoas que ficam que têm que lidar com a ausência, preenchendo-a com o possível, mas despertando para um mal-estar geral do mundo: engolir as cinzas de um irmão; tentar encontrar conhecidos do filho; a relação entre amor e dor ou o que resta do amor depois que o objeto amado não mais está presente; e todo tipo de peregrinação que não leva a um fechamento ou mesmo a uma solução. O suicídio como ato final não tem exatamente um caráter afirmativo, mas do próprio inacabado, e que se submerge em

Crocodilo.
Javier Arancibia Contreras.
Conto para uma só voz.
João Anzanello Carrascoza.
Um dia.
Thiago Camelo.
Cinzas na boca.
Brenda Navarro.
O céu dos suicidas.
Ricardo Lísias.

uma tentativa claudicante de elaboração, metáfora, como se a tristeza enfim se tornasse e se promulgasse como uma dor do corpo e não só da "alma". É como se surgisse uma urgência de escapar da impossibilidade de falar da dor e do sofrimento. O fim da vida leva a elaborações que a dor física parecia impedir. Fantasmáticas, as figuras parecem rever sempre, como uma história inconclusa em um mundo que não é nem mais fechado, nem fragmentado, mas sufocado, esmagado, como uma granada presa dentro de uma garrafa. É muito difícil falar sobre a literatura atual sem perpassar por um grande número de deprimidos e suicidas – que não é algo novo, mas que ganha contornos novos. Não é o romantismo de Werther, nem outros amores subjetivados como o de *Primavera violenta*, de Unica Zürn, nem uma questão existencialista de outrora, mas uma impossibilidade radical de pertencimento neste mundo. Por isso, muitas vezes, essas mortes não são explicadas, nem explicáveis, e o que orienta as narrativas e as poesias é o que resta, e o que resta é quem ficou, num mundo cada vez mais esburacado e carente de sentido.

> é tão perigoso falar do que desata? dizer a própria morte traz de volta espécies de receio de contágio ao tentar escrevê-la compactuo com ela? convoco-a? desejo-a?[47]

---

47 ERBER, Laura. *A retornada*. Belo Horizonte: Relicário, 2017. p. 49.

Aliás, lidar com a morte na atualidade parece ainda outro caminho incontornável. Uma morte que, por mais privada que seja, se torna pública, e o luto público se transforma, também, num luto conjunto. Mortes cada vez mais privadas ganham um contorno especialmente coletivo. Ficcionais ou não, narrativas e poemas tentam lidar com todo tipo de perda: mãe, pai, tia, irmão, irmã, amigos, amores e os animais. Como se morre na atualidade? Por um lado, as dores individuais são acentuadas, mas, colocadas em relação – e totalizadas –, elas ganham uma dimensão menos escondida, recebendo certo grau de visibilidade não muito mais permitida de ser afastada. Trazer a morte para a centralidade não necessariamente significa recolocar algum aspecto do sagrado, mas é uma forma de dizer que aquele morto não morre sozinho: uma espécie de antídoto contra o abandono completo. Por outro lado, em outros momentos, a morte ganha dimensões políticas, da violência e, especialmente nos últimos anos, as mortes durante a última pandemia são colocadas como devem ser colocadas: uma forma de brutalidade do Estado, de um sacrifício em nome do capital, de uma espécie de descartáveis. Se Judith Butler[48] questionava quem tinha direito ao luto, parece haver um esforço para que aqueles que são chorados englobem mais do que, digamos, os

48 BUTLER, Judith. *Quadros de guerra*: quando a vida é passível de luto? Trad.: Sérgio Lamarão; Arnaldo Marques da Cunha. Rio de Janeiro: Civilização Brasileira, 2015.

considerados "indispensáveis". Colocar a vida anônima no signo do luto público redimensiona aqueles pelos quais choramos, em uma tentativa de ampliar aquilo que chamamos de humano. Assim, choramos muitas pessoas, de muitos lugares, com tantos desejos, de várias origens. Essas mortes carregam uma dimensão ética incontornável: afirmar o choro por todo tipo de corpo nos desestabiliza do olhar mirado ao centro, como é o caso das vezes em que o mediterrâneo se torna não o centro, mas o lugar em que os corpos se cruzam e que, mesmo quando alguns esperam o afogamento, o tempo aqui é colocado em perspectiva ou, melhor, em dialogia e simultaneidade. Falar das crises migratórias (e outras crises de subalternizados) e afirmar o luto pelos mortos exige uma fuga do eterno presente que o neoliberalismo nos impõe e parece evocar, provocando uma temporalidade não paralela, mas dialética, entre o atual e o passado e, quiçá, o futuro. No fim das contas, esses enlutamentos dizem também de uma espécie de projetos de mundos.

De uma a outra ilha.
Ana Martins Marques.
Notas para um naufrágio.
Davide Enia.
Formas feiras no escuro.
Leda Cartum.
Citizen: an american lyric.
Claudia Rankine.
O antigo futuro.
Luiz Ruffato.
A triste história de Barcolino, o homem que não sabia morrer.
Lucílio Manjate.

E não podemos deixar de notar que, além dos corpos humanos, temos também os corpos dos animais e dessas espécies companheiras. Algumas vezes se apresentam estropiados, machucados, com narradores precisando recolher seus corpos ou lidando com suas mortes, que ultrapassam a barreira homem e animal. Em outros momentos, os animais são como alarmes de incêndio e surgem como avisos, como se viessem a partir de um instinto de quem sabe antes que o mundo vai desabar: o som do latido se mistura ao das guerras, ou os camelos desaparecem para dizer do vazio da violência, ou compõem uma imagem de um refúgio impossível ou, ainda, uma caravana de animais pratica o esforço de uma natação na areia. Animais inventados, narradores, animais que reconstituem não uma cultura, mas um novo olhar sobre a natureza. Ou, melhor dizendo, tendem a apagar a linha que separava natureza e cultura. Não é o caso de reafirmar o homem como um animal – argumento tão caro aos behavioristas e neoliberais –, mas de dar uma dimensão ética ao convívio entre seres. A diferença enquanto afirmação do semelhante, digamos assim, para a criação de uma outra perspectiva-mundo.

"O cachorro", em *Contos morais*.
J. M. Coetzee.
Enterre seus mortos.
Ana Paula Maia.
De cada quinhentos uma alma.
Ana Paula Maia.
Cabeça de galinha no chão de cimento.
Ricardo Domeneck.
"Recolhimento", em *Aquela água toda*.
João Anzanello Carrascosa.
Pequena enciclopédia de seres comuns.
Maria Esther Maciel.
Abrir a boca da cobra.
Sofia Mariutti.
O desaparecimento dos peixes.
Júlia Moysés.

Nesse sentido, se a identidade é tão frequentemente colocada na atualidade, ela tem como um de seus méritos não a afirmação inequívoca da própria experiência, irredutível ao outro, mas uma expansão de contato com outras vidas, um modo de viver outras vidas, de colocar o leitor em relação, quando os textos são bem-sucedidos. Enfim, uma literatura que chama a ética. Personagens de origens e classes que anteriormente estavam tão escondidos e/ou excluídos da literatura agora se apresentam, modificando o quadro que Regina Dalcastagnè[49] outrora desenhou. O alargamento das experiências tem como mérito abrir janelas, portas, veredas e mundos antes pouco contemplados, e consegue resultados impressionantes pensando em algo tido como cotidiano, como o próprio cabelo, por exemplo, ou as relações familiares mais íntimas e que foram muitas vezes escondidas. E essa mudança acarreta, também, uma modificação significativa da literatura do passado sobre o presente. É nesse sentido que *Úrsula*, de Maria Firmina dos Reis, parece uma obra mais atual do que talvez jamais o tenha sido, e esse tipo de transformação do entendimento do

Talvez precisemos de um nome para isso.
Stephanie Borges.
Esse cabelo.
Djaimilia Pereira de Almeida.
Amora.
Natália Borges Polesso.
"Mulherinha mulherando", em *Vesúvio.*
Zulmira Ribeiro Tavares.

---

49 DALCASTAGNÈ, Regina. A cor do silêncio. In: ______. *O prego e o rinoceronte*. Porto Alegre: Zouk, 2021. p. 131-162.

passado parece impossível sem uma mudança na literatura atual. Obviamente que temos obras mais ou menos bem-sucedidas quanto a esse chamamento ético, e isso deve ser buscado não só nas histórias que são contadas.

Como se estivéssemos em palimpsesto de putas. Elvira Vigna.
A visão das plantas. Djaimilia Pereira de Almeida.
Submissão. Michel Houellebecq.

O lado oposto da moeda talvez ajude a apreciar essa conclamação: esses narradores ou personagens (não julgados), que são de alguma maneira odientos, malvados, idiotas, machistas, canalhas, psicopatas e assim por diante, colocam em xeque justamente um moralismo[50] do leitor, podendo aí abrir espaço não para a literatura enquanto identificação de si consigo mesmo, mas uma identificação do eu com o outro e, por vezes, como desvinculamento de nós mesmos. Ou seja, se a lógica da atualidade – guiada por algoritmos – é nos fornecer mais daquilo que já gostamos, como forma de continuar a fazer o que já fazemos em continuidade ininterrupta e automática – como o Spotify faz com a música, por exemplo[51] –, é interessante pensar em certa literatura que não é a afirmação do mesmo, daquilo que

50 Sobre como a moral afeta a nossa leitura, ver: WALTON, Kendall L. Moral na ficção e moralidade ficcional. Trad.: Daniel R. Bonomo. In: GALLE, Helmuth P. E.; PEREZ, Juliana P.; PEREIRA, Valéria S. *Ficcionalidade*: uma prática cultural e seus contextos. São Paulo: FFLCH; Fapesp, 2018. p. 289-312.

51 Ver: TANNER, Grafton. *Foreverism*. Cambridge: Polity, 2023.

nos contempla, que afirma nossos próprios valores, mas justamente que estranha tudo. Uma fuga dessa lógica de algoritmo que parece avançar sobre o mundo real.

De todas as características sobre o romance que Mikhail Bakhtin[52] desenvolveu em sua teoria, talvez a mais presente hoje é a aparição do atual nos textos. Mas esse atual não está presente somente no romance, como também nas poesias, dramaturgias e ensaios. O terrorismo, como já dito, está presente, e a literatura, assim que pôde, já absorveu o trauma da pandemia de covid-19. Além disso, já estão nas páginas os últimos governos de extrema direita e a violência simbólica e empírica que daí decorre, desde a sua ascensão no meio da década de 2010. Outros eventos continuam a aparecer: os protestos de 2013, o assassinato de Marielle Franco e o incêndio do Museu Nacional, por exemplo. Mas o que é interessante notar nesse sentido é como

O Deus das avencas.
Daniel Galera.
Os substitutos.
Bernardo Carvalho.
Triste não é ao certo a palavra.
Gabriel Abreu.
Monodrama.
Carlito Azevedo.
Onde estão as bombas.
Tatiana Pequeno.
Museu Nacional [todas as vozes do fogo].
Vinicius Calderoni.
Parque das ruínas.
Marília Garcia.
O presidente pornô.
Bruna Kalil Othero.
Citizen: an american lyric.
Claudia Rankine.
13 nudes.
Adelaide Ivánova.
Pré-história.
Paloma Vidal.

---

52 BAKTHIN, Mikhail. *Teoria do romance III:* o romance como gênero literário. Trad.: Paulo Bezerra. São Paulo: Editora 34, 2019.

esse atual se apresenta. Se Erich Auerbach[53] buscava identificar mudanças textuais muito significativas para entender como o mundo adentrava a literatura – e para ficar no romance, a aparição de outras classes sociais, como acontecia em *O vermelho e o negro*, de Stendhal –, o que muitas vezes se encontra nesse contexto literário é esse atual aparecendo como citação dentro do texto, como se existisse uma urgência em relacionar o texto com o acontecimento da atualidade. Mas, muitas vezes, essas aparições parecem funcionar como essa lógica algorítmica de que falava acima, como para criar uma identificação política e social com o leitor, como se quisesse indicar que além dos narradores e personagens serem moralmente bons, é sobretudo o autor que está atento ao momento atual e está do nosso lado. De alguma maneira, essa aparição do atual parece cravar uma continuidade confortável na leitura, mais do que causar uma reflexão, uma interrupção, uma elaboração ou, em um termo mais antigo, um estranhamento. Como já dito anteriormente, temos alguns textos-atuais, mas muito mais textos sobre a atualidade (ou será essa uma afirmação pouco otimista a respeito da literatura atual?).

> You used to read dictionaries like other people read novels. Each entry is a character,

---

53 AUERBACH, Erich. *Mimesis*. Trad.: George Bernard Sperber. São Paulo: Perspectiva, 2009.

> you'd say, who might be encounted on some other page.[54]

Fugir de automatismos e reafirmações do mesmo vai ter mais força quando isso se dá também pela linguagem. Em alguns momentos, se pode pensar nessas "palavras que se ajudam", como Herta Müller[55] disse certa vez. Em outros, palavras que se complementam e criam sentidos ou construções de novas palavras a partir das antigas. Um procedimento poético que, claro, não é novo ou característico unicamente da atualidade – mas apresenta um certo tipo de permanência nos procedimentos literários do presente e em diversas outras poéticas e diversos outros tempos. Além disso, temos uma espécie de acumulação de palavras, termos, com uma escrita que parece se fazer de uma soma infinita: objetos se somam como se construíssem uma vertigem do mundo material, ou adjetivos se multiplicam como impossibilidade de uma definição objetiva e clara. Junto à repetição se

Os tais caquinhos.
Natérica Pontes.
"Agradecimentos", em *Canções de atormentar.*
Angélica Freitas.
Um útero é do tamanho de um punho.
Angélica Freitas.
Égloga da maça.
Affonso Ávila.
Um autor de sucesso.
Miguel Javaral.
Eu não vou fazer Medeia.
Magne van den Berg.
O amor dos homens avulsos.
Victor Heringer.
Só faltou o título.
Reginaldo Pujol Filho.

---

54 LÉVE, Edouard. *Suicide.* Trad.: Jan Steyn. Funks Grove: Dalkey Archive Press, 2013. p. 34.

55 MÜLLER, Herta. *Sempre a mesma neve, sempre o mesmo tio.* Trad.: Claudia Abeling. Rio de Janeiro: Biblioteca Azul, 2012.

soma também uma poética cada vez mais rara, mas ainda presente, que pretende dificultar a própria leitura, algumas vezes se colocando em jogo com outros textos. Isso não diz de uma insuficiência de linguagem diante do mundo, mas de uma abertura de possibilidades a partir dela, como se aquela velha proposta de Calvino[56] sobre a exatidão não tivesse – ao menos não ainda – encontrado seu porto no século XXI e fosse necessário falar de um mundo que se torna invisível a partir da quantidade infinita de coisas, pessoas e faltas de contornos claros. Das utopias do século XX à miopia do nosso século, não se trata somente da impossibilidade de pensar um mundo novo – que é bastante óbvio também –, mas da tentativa (quase sempre falha, mas ainda assim uma tentativa) de dar sentido a um mundo sem sentido, impossível de ser visto com clareza e objetividade – e aqui se poderia abrir um longo parêntese para falar da prevalência da distopia na atualidade. Assim, uma certa simultaneidade de temporalidades parece ser uma construção que tenta dar conta dessas novas formas de habitar o tempo e o espaço, construindo uma saída imaginativa mirando para outras possibilidades de existência hoje.

Krakatoa. Veroica Stigger.
A exposição. Nathalie Léger.
Araras vermelhas. Cida Pedrosa.
That this. Susan Howe.
Do caos &. Felipe Benicio.
Uma mulher. Flávia Péret.
Kafkianas. Elvira Vigna.

---

56 CALVINO, Italo. *Seis propostas para o próximo milênio*. Trad.: Ivo Barroso. São Paulo: Companhia das Letras, 1990.

> Lonely people are ashamed of their solitude. Adults are ashamed of children seeing. Rich people are ashamed of plastic bags. Poor people too. Not the same bags. Children are ashamed of the weirdest things and it haunts them through life.[57]

Isso acontece também nas muitas obras em que as relações se dão enquanto crise constante que pode ou não culminar em atos extremos. E essas relações ocorrem mesmo nos clássicos descompassos familiares – relações tensas entre pais e filhos e/ou entre irmãos – que mostram uma lógica geracional em constante embate. Assim, o pai parece "aprisionar" o filho em sua lógica sem escapatória. Em outros pontos, a relação é de amizade, como ir morar na casa de um amigo depois que o personagem reaparece do nada depois de um ano, mas sua família não, ou quando a namorada desaparece e a casa do amigo é uma espécie de "refúgio" da especulação da mídia e familiares: relações de amizade que não são exultantes, mas

A cláusula do pai.
Jonas Hassen Khemiri.
Gloria.
Branden Jacobs-Jenkins.
Sabrina.
Nick Drnaso.
Sweat.
Lynn Nottage.
"Lázaro", em
Gótico nordestino.
Christiano Aguiar.
Nada me faltará.
Lourenço Mutarelli.
A noite da espera.
Milton Hatoum.
"Os solitários", em
Os ilhados.
Ismar Tirelli Neto.

---

57 CARSON, Anne. Poverty Remix (Sestina). In: _______. *Wrong Norma.* New York: New Directions, 2024. p. 109.

tensas e conflituosas. Assim como acontece entre colegas de trabalho, quando uma das pessoas atira em todas as outras depois que ninguém aparece em sua festa. Ou com os sindicalizados, que não encontram mais nenhum tipo de irmandade e aqueles que sobem de posto dentro da fábrica parecem não se importar tanto com os que vão ser demitidos. Ou em reuniões de amigos em repúblicas em busca de um sentido que nunca chega a se consolidar. Enfim, essas relações parecem muitas vezes pouco resolvidas e são mais geradoras de conflitos, não sendo a família ou a amizade um lugar para se encontrar, mas para permanecer em constante deslocamento de si. Sem um antídoto, muitos personagens da literatura atual navegam de solidão em solidão, e quase nunca encontram a sua âncora em um jardim a ser cuidado.

> That which does note kill us is still going to kill us, but we can make us dance to it for a while, for our need and pleasure.[58]

> Há pessoas cujas memórias são invocadas por cheiros ou imagens, mas é a música que sempre realiza algum tipo de alquimia, ou arqueologia, em meu cérebro.[59]

---

58 WARK, McKenzie. *Raving*. Durham: Duke University Press, 2023. p. 26.

59 GLEESON, Sinéad. *Constelações*: ensaios do corpo. Trad.: Maria Rita Drumond Viana. Belo Horizonte: Relicário, 2023. p. 116.

Em algum momento a música pop também adentrou de maneira significativa as narrativas. Claro que não digo de agora: em *O jogo da amarelinha*, de Julio Cortázar, ela já está presente, assim como em contos de Caio Fernando Abreu e em parte da obra de Ana Cristina Cesar. A isso se acrescenta o *hit Alta fidelidade*, de Nick Hornby, ou o sensível *As vantagens de ser invisível*, de Stephen Chbosky. E, na atualidade, ela ainda se apresenta continuamente, mas como uma espécie de comunidade inventada e *locus* de memória imprescindível, como se as madalenas contemporâneas se dessem mais ao ouvido do que ao paladar. E o panteão de citados é bastante extenso: Leonard Cohen, Cat Power, Patti Smith, Jards Macalé, The Smiths, Massive Attack, David Bowie, N.W.A., The Knife, Vampire Weekend, Lou Reed, Monkees, Nat King Cole, New Order. E a lista poderia seguir muito mais adiante. O que é interessante notar é que, em primeiro lugar, existe uma construção de uma certa história da música pop via literatura que não necessariamente perpassa os mais vendidos ou os mais louvados. O segundo ponto interessante é como essa memória é muitas vezes

Controle.
Natalia Borges Polesso.
A visita cruel do tempo.
Jennifer Egan.
Pelos poros e pequenos apelos.
Magno Almeida.
"A vida e a morte de John Lennon", em *O destino das metáforas.*
Sidney Rocha.
Pavilhão.
Daniel Arelli.
Rádio Imaginação.
Seiko Ito.
Stay True.
Hua Hsu.
"Thret", em *Wrong Norma.*
Anne Carson.
Réplica das urtigas.
Tatiana Pequeno.
Mudar de ideia.
Aixa de la Cruz.

chamada ao compartilhamento, já que, via música, é possível encontrar conexões das mais diversas. O terceiro ponto é que a música muitas vezes aparece para falar de certo deslocamento constante, para falar desse não pertencimento, ou ao menos há uma tentativa de se construir pertencimento via música. E, claro, o encontro com a melancolia gélida que vem do Norte, ao ser escutada no Sul, ganha uma nova dimensão de desconjuntamento que se une nesses portos em que se vai de solidão em solidão.

> I'm just like Anne Frank, like Indiana Jones
> And them British bad boys,
> The Rolling Stones
> I go right to the edge, I go right to the end
> I go right where all things lost are made
> good again
>
> I sing the songs of experience like
> William Blake
> I have no apologies to make
> Everything's flowing all at the same time
> I live on a boulevard of crime
>
> I drive fast cars, and I eat fast foods
> I contain multitudes[60]

---

60 I CONTAIN multitudes. Interpréte: Bob Dylan. In: *Rough and Rowdy Ways*. Columbia, 2020 (4 min.).

E temos Bob Dylan. O cantor--compositor que ganhou o Nobel em 2016 tem aparição sistemática na literatura atual: personagens de sonetos imaginando-o morando em Buenos Aires; reminiscências da juventude; recomposto com cantigas da caatinga. Esse cantor-personagem, que criou para si mesmo uma outra história no início da carreira, roubando para si a história de Woody Guthrie, pode ser pensado também como uma tentativa de a literatura atual ter um ponto de fuga para lugares fixos da identidade, fazendo uma espécie do experimento radical que Augusto Boal[61] fez em seu teatro, em que todos os atores podiam ser qualquer personagem, a depender da mudança das máscaras (e às vezes sem o uso delas!). O interessante de pensar Dylan como certo paradigma paralelo é pensar em uma identidade que não coincide consigo mesma, sendo transmutada, incorporada, transformada em um esforço de apropriação não só de um texto, mas de uma vida e de muitas outras vidas. Assim, sua grande canção dos últimos dez anos, "I Contain Multitudes", pode ser pensada não só como um retorno a Whitman – que o título remete –, mas como

Solo para vialejo. Cida Pedrosa. "Bumba", em *Casa do Norte.* Rodrigo Lobo Damasceno. "Traga tudo para casa", em *Nós só compreendemos muito depois.* Taís Araruna de Aquino. *Engenheiro fantasma.* Fabrício Corsaletti.

61 BOAL, Augusto. *Teatro do oprimido e outras poéticas políticas.* São Paulo: Cosac Naify, 2014.

um chamado ao compartilhamento de algo que parece perdido. Como aquele vídeo, que deve ser um dos mais bonitos dos últimos anos, em que pessoas anônimas e inicialmente desconhecidas entre si celebram cantando após o show da cantora Robyn, em uma estação do metrô de Nova York, não em forma de contradição, "Dancing on my on". No fim das contas, a literatura pode ser uma forma de não estarmos sozinhos.

REFERÊNCIAS

Referências teóricas

AFTERLIFE. Intérprete: Arcade fire. In: *Reflektor*. Sonovox: Merge, 2013 (4 min.).

ALMEIDA, Sandra Regina Goulart. *Cartografias contemporâneas*: espaços, corpo, escrita. Rio de Janeiro: 7Letras, 2015.

ANDERSON, Benedict. *Comunidades imaginadas*. Trad.: Denise Bottmann. São Paulo: Companhia das Letras, 2008.

ANZALDÚA, Gloria. Queer(izar) a escritora – Loca, escritora y chicana. Trad.: Tatiana Nascimento. In: BRANDÃO, Izabel et al. (orgs.). *Traduções da cultura*: perspectivas críticas feministas (1970-2010). Florianópolis: Edufal; Editora da UFSC, 2017. p. 408-425.

AUERBACH, Erich. *Mimesis*. Trad.: George Bernard Sperber. São Paulo: Perspectiva, 2009.

BAKTHIN, Mikhail. *Teoria do romance III*: o romance como gênero literário. Trad.: Paulo Bezerra. São Paulo: Editora 34, 2019.

BARTHES, Roland. *A câmara clara*. Trad.: Júlio Castañon Guimarães. Rio de Janeiro: Nova Fronteira, 1984.

BARTHES, Roland. *Aula*. Trad.: Leyla Perrone-Moisés. São Paulo: Cultrix, 2007.

BENJAMIN, Walter. O contador de histórias: reflexões sobre a obra de Nikolai Leskov. In: ______. *Linguagem, tradução, literatura (filosofia, teoria e crítica).* Trad.: João Barrento. Belo Horizonte: Autêntica, 2024. p. 139-166.

BESSE, Jean-Marc. *Ver a terra*: seis ensaios sobre a paisagem e a geografia. Trad.: Vladimir Bartalini. São Paulo: Perspectiva, 2014.

BOAL, Augusto. *Teatro do oprimido e outras poéticas políticas*. São Paulo: Cosac Naify, 2014.

BRIZUELA, Natalia. *Depois da fotografia*: uma literatura fora de si. Trad.: Carlos Nougué. Rio de Janeiro: Rocco, 2014.

BUTLER, Judith. *Quadros de guerra*: quando a vida é passível de luto? Trad.: Sérgio Lamarão; Arnaldo Marques da Cunha. Rio de Janeiro: Civilização Brasileira, 2015.

CALASSO, Roberto. *O inominável atual*. Trad.: Federico Carotti. São Paulo: Companhia das Letras, 2020.

CALVINO, Italo. *Seis propostas para o próximo milênio*. Trad.: Ivo Barroso. São Paulo: Companhia das Letras, 1990.

CARSON, Anne. Poverty Remix (Sestina). In: ______. *Wrong Norma*. New York: New Directions, 2024. p. 107-116.

CHAMAYOU, Grégoire. *Teoria do drone*. São Paulo: Cosac Naify, 2015.

DALCASTAGNÈ, Regina. A cor do silêncio. In: ______. *O prego e o rinoceronte*. Porto Alegre: Zouk, 2021. p. 131-162.

DARWIN, Charles. *A origem das espécies*. Trad.: Pedro Paulo Pimenta. São Paulo: Ubu, 2018.

DERRIDA, Jacques. *O monolinguismo do outro ou a prótese de origem*. Trad.: Fernanda Bernardo. Belo Horizonte: Chão da Feira, 2016.

DINIZ, Ligia Gonçalves. *Imaginação como presença*: o corpo e seus afetos na experiência literária. Curitiba: Editora UFPR, 2020.

DURAS, Marguerite. *Hiroshima meu amor*. Trad.: Adriana Lisboa. Belo Horizonte: Relicário, 2022.

EAGLETON, Terry. *Depois da teoria*: um olhar sobre os estudos culturais e o pós-modernismo. Trad.: Maria Lucia Oliveira. Rio de Janeiro: Civilização Brasileira, 2016.

EIKHENBAUM, B. A teoria do "Método Formal". Trad.: Ana Mariza Ribeiro Filpouski et al. In: TOLEDO, Dionísio de Oliveira (org.). *Teoria da literatura*: formalistas russos. Porto Alegre: Globo, 1973. p. 3-38.

ERBER, Laura. *A retornada*. Belo Horizonte: Relicário, 2017.

ESPOSITO, Roberto. *Bios*: biopolítica e filosofia. Trad.: Wander Melo Miranda. Belo Horizonte: Editora UFMG, 2017.

FISHER, Mark. *Fantasmas da minha vida*: escritos sobre depressão, assombrologia e futuros perdidos. Trad.: Guilherme Ziggy. São Paulo: Autonomia Literária, 2022.

FOUCAULT, Michel. *As palavras e as coisas*: uma arqueologia das ciências humanas. Trad.: Salma Tannus Muchail. São Paulo: Martins Fontes, 2007.

GARCIA, Marília. *Parque das ruínas*. São Paulo: Luna Parque, 2018.

GLEESON, Sinéad. *Constelações*: ensaios do corpo. Trad.: Maria Rita Drumond Viana. Belo Horizonte: Relicário, 2023.

GRUPO CARMIN. *Década Carmin*. Natal: Fortunella Casa Editrice, 2017.

HARWICZ, Ariana. *O ruído de uma época*: aforismos, correspondências e ensaios. Trad.: Silvia Massimini Felix. São Paulo: Instante, 2024.

HOWE, Susan. *Spontaneous Particulars*: the telepathy of archives. New York: New Directions, 2014.

I CONTAIN multitudes. Intérprete: Bob Dylan. In: *Rough and Rowdy Ways*. Columbia, 2020 (4 min.).

INGOLD, Tim. *The Rise and Fall of Generation Now*. Cambridge: Polity Press, 2024.

INGOLD, Tim. *Linhas*: uma breve história. Trad.: Lucas Bernardes. Petrópolis: Vozes, 2022.

JELINEK, Elfriede. Charges. In: ______. *Three plays*. Calcutá: Seagull Books, 2019. p. 380-506.

KAMHOLTZ, Jonathan. Literature and photography: the captioned vision vs. The firm, mechanical impression. *The Centennial Review*, v. 24, n. 4, p. 385-402, 1980.

LABATUT, Benjamin. *A pedra da loucura*. Trad.: Mariana Sanchez. São Paulo: Todavia, 2022.

LESTIENNE, Rémy. *O acaso criador*. Trad.: Adriana Rizzo Garcia. São Paulo: Edusp, 2008.

LÉVE, Edouard. *Suicide*. Trad.: Jan Steyn. Funks Grove: Dalkey Archive Press, 2013.

LÉVINAS, Emmanuel. *Violência do rosto*. Trad.: Fernando Soares Moreira. São Paulo: Loyola, 2014.

LOPES, Denilson. A volta da casa na literatura brasileira contemporânea. *Luso-Brazilian Review*, v. 43, n. 2, p. 119-130, 2006.

LUDMER, Josefina. *Aqui América Latina*: uma especulação. Trad.: Rômulo Monte Alto. Belo Horizonte: Editora UFMG, 2013.

MAGRI, Ieda. *Da dificuldade de nomear a produção do presente*: literatura latino-americana contemporânea. Rio de Janeiro: 7Letras, 2023.

MARQUES, Ivan. A vertigem do arbitrário. *Aletria*, v. 15, n. 1, p. 106-115, 2007.

MEDEIROS, Constantino Luz de. As faces de Janus: um olhar sobre a narrativa moldura como procedimento literário. *Palimpsesto*, v. 11, n. 14, p. 1-15, 2018.

MÜLLER, Herta. *Sempre a mesma neve, sempre o mesmo tio*. Trad.: Claudia Abeling. Rio de Janeiro: Biblioteca Azul, 2012.

NATALI, Marcos. Da violência, da verdadeira violência. In: ______. *A literatura em questão*. Campinas: Editora Unicamp, 2020. p. 207-240.

PERLOFF, Marjorie. *O gênio não original*: poesia por outros meios no novo século. Trad.: Adriano Scandolara. Belo Horizonte: Editora UFMG, 2013.

RABB, Jane M. (org.). *Literature and photography*: interactions 1840-1990. Albuquerque: The University of New Mexico Press, 1995.

RIBEIRO, Ana Elisa. *Álbum*. Belo Horizonte: Relicário, 2018.

SOMMER, Doris. *Ficções de fundação*. Trad.: Gláucia Renate Gonçalves; Eliana Lourenço de Lima Reis. Belo Horizonte: Editora UFMG, 2004.

SONTAG, Susan. *A doença como metáfora*. Trad.: Márcio Ramalho. Rio de Janeiro: Graal, 1984.

SONTAG, Susan. *Diante da dor dos outros*. Trad.: Rubens Figueiredo. São Paulo: Companhia das Letras, 2003.

TANNER, Grafton. *Foreverism*. Cambridge: Polity, 2023.

WAGNER, Roy. *Símbolos que representam a si mesmos*. Trad.: Priscila Santos da Costa. São Paulo: Editora Unesp, 2018.

WALTON, Kendall L. Moral na ficção e moralidade ficcional. Trad.: Daniel R. Bonomo. In: GALLE, Helmuth P. E.; PEREZ, Juliana P.; PEREIRA, Valéria S. (org.). *Ficcionalidade*: uma prática cultural e seus contextos. São Paulo: FFLCH; Fapesp, 2018. p. 289-312.

WARK, McKenzie. *Raving*. Durham: Duke University Press, 2023.

WILSON, Ben. *Metrópole*: a história das cidades, a maior invenção humana. Trad.: Odorico Leal. São Paulo: Companhia das Letras, 2024.

WITTGENSTEIN, Ludwig. *Investigações filosóficas*. Trad.: José Carlos Bruni. São Paulo: Nova Cultura, 1999.

Referências literárias

ABREU, Gabriel. *Triste não é ao certo a palavra*. São Paulo: Companhia das Letras, 2023.

ABREU, Marcio. *Maré/ Projeto Brasil*. Rio de Janeiro: Cobogó, 2016.

AGUIAR, Christiano. *Gótico nordestino*. Rio de Janeiro: Alfaguara, 2022.

ALMEIDA, Djaimilia Pereira de. *Esse cabelo*. São Paulo: Todavia, 2022.

ALMEIDA, Djaimilia Pereira de. *A visão das plantas*. São Paulo: Todavia, 2019.

ALMEIDA, Magno. *Pelos poros e pequenos apelos*. Maceió: Imprensa Oficial Graciliano Ramos, 2015.

AQUINO, Laís Araruna de. *Nós só compreendemos muito depois*. São Paulo: Corsário-Satã, 2021.

ARELLI, Daniel. *Pavilhão*. Juiz de Fora: Macondo, 2020.

ARRAES, Jarid. *Redemoinho em dia quente*. Rio de Janeiro: Alfaguara, 2019.

AUGUSTO, Jorge. *O mapa de casa*. São Paulo: Círculo de Poemas, 2023.

ÁVILA, Affonso. *Égloga da maçã*. Cotia: Ateliê Editorial, 2012.

AZEVEDO, Carlito. *Monodrama*. Rio de Janeiro: 7Letras, 2009.

BARRETO, Gilvan. *Suturas*. Rio de Janeiro: Edição do Autor, 2016.

BENICIO, Felipe. *Do caos &*. Maceió: Imprensa Oficial Graciliano Ramos, 2018.

BERG, Magne van den. *Eu não vou fazer Medeia*. Trad.: Jonathan Andrade. Rio de Janeiro: Cobogó, 2022.

BOMFIM, Raiça; MOREIRA, Lucas. *Maré cavala*. Salvador: Gris, 2020.

BORGES, Stephanie. *Talvez precisemos de um nome para isso*. Recife: CEPE, 2019.

BRANDÃO, Luis Alberto. *Princípios de cartografia*. Belo Horizonte: Impressões de Minas, 2023.

CALANDRONE, Maria Grazia. *Brilha como vida*. Trad.: Patricia Peterle e Andrea Santurbano. Belo Horizonte: Relicário, 2022.

CALDERONI, Vinicius. *Museu Nacional [todas as vozes do fogo]*. Rio de Janeiro: Cobogó, 2023.

CAMELO, Thiago. *Um dia*. São Paulo: Companhia das Letras, 2022.

CAPISTRANO, Pablo; MACEDO, Iracema; FONTES, Henrique. *Jacy*. Natal: Carmin, 2013.

CARBONIERI, Divaniz. *Passagem estreita*. Cuiabá: Carlini; Caniato Editorial, 2019.

CARRASCOZA, João Anzanello. *Aquela água toda*. Rio de Janeiro: Alfaguara, 2018.

CARRASCOZA, João Anzanello. *Conto para uma só voz*. São Paulo: Nós, 2020.

CARRASCOZA, João Anzanello. *Inventário do azul*. Rio de Janeiro: Alfaguara, 2022.

CARSON, Anne. *Nox*. New York: New Directions, 2010.

CARSON, Anne. Thret. In: ______. *Wrong Norma*. New York: New Directions Book, 2024. p. 135-152.

CARTUM, Leda. *Formas feitas no escuro*. São Paulo: Fósforo, 2023.

CARVALHO, Bernardo. *Os substitutos*. São Paulo: Companhia das Letras, 2023.

CHARBEL, Felipe. *Saia da frente do meu sol*. Belo Horizonte: Autêntica, 2023.

CHOI, Don Mee. *Hardly War*. New York; Seatlle: Wave Books, 2016.

COETZEE, J. M. *Contos morais*. Trad.: José Rubens Siqueira. São Paulo: Companhia das Letras, 2021.

CONTRERAS, Javier Arancibia. *Crocodilo*. São Paulo: Companhia das Letras, 2019.

CORSALETTI, Fabrício. *Engenheiro fantasma*. São Paulo: Companhia das Letras, 2022.

CRICELLO, Francesca. *Inventário*. São Paulo: Nós, 2024.

CRUZ, Aixa de la. *Mudar de ideia*. Trad.: Letícia Mei. Belo Horizonte: Âyiné, 2022.

D'ANUNCIAÇÃO, Luciana Freire. *Nunca há nada*. Vancouver: Moniker Press, 2023.

DAMASCENO, Rodrigo Lobo. *Casa do Norte*. São Paulo: Corsário-Satã, 2020.

DANZIGER, Leila. *Cinelândia*. Rio de Janeiro: 7Letras, 2021.

DAVEY, Moyra. *Index Cards*. New York: New Directions, 2020.

DINIZ, Davis. *Do mar às pedras*. Manuscrito.

DOMENECK, Ricardo. *Cabeça de galinha no chão de cimento*. São Paulo: Editora 34, 2023.

DRNASO, Nick. *Sabrina*. Trad.: Érico Assis. São Paulo: Veneta, 2018.

ELKIN, Lauren. *No. 91/92*. South Pasadena: Semiotext(e), 2021.

ELTIT, Diamela. *Forças especiais*. Trad.: Julián Fuks. Belo Horizonte: Relicário, 2021.

ENIA, Davide. *Notas para um naufrágio*. Trad.: Wander Melo Miranda. Belo Horizonte: Âyiné, 2017.

ERNAUX, Annie. *O jovem*. Trad.: Marília Garcia. São Paulo: Fósforo, 2022.

EVARISTO, Conceição. *Olhos d'água*. Rio de Janeiro: Pallas, 2016.

FALERO, José. *Os supridores*. São Paulo: Todavia, 2020.

FILHO, Armando Freitas. *Lar,*. São Paulo: Companhia das Letras, 2009.

FILHO, Reginaldo Pujol. *Só faltou o título*. Rio de Janeiro: Record, 2015.

FREITAS, Angélica. *Canções de atormentar*. São Paulo: Companhia das Letras, 2020.

FREITAS, Angélica. *Um útero é do tamanho de um punho*. São Paulo: Cosac Naify, 2012.

GALERA, Daniel. *O deus das avencas*. São Paulo: Companhia das Letras, 2021.

GARCIA, Marília. *Parque das ruínas*. São Paulo: Luna Parque, 2018.

GOMÉZ, Paco. *Os Modlins*. Trad.: Mari-Jô Zilveti. São Paulo: Fotô Editorial, 2023.

GUADALUPE, Ana. *Preocupações*. Juiz de Fora: Macondo, 2021.

HATOUM, Milton. *A noite da espera*. São Paulo: Companhia das Letras, 2017.

HERINGER, Victor. *O amor dos homens avulsos*. São Paulo: Companhia das Letras, 2016.

HOUELLEBECQ, Michel. *O mapa e o território*. Trad.: André Telles. Rio de Janeiro: Record, 2012.

HOUELLEBECQ, Michel. *Submissão*. Trad.: Rosa Freire Aguiar. Rio de Janeiro: Alfaguara, 2015.

HOWE, Susan. *That this*. New York: New Directions, 2010.

HSU, Hua. *Stay True*. New York: Doubleday, 2022.

IVÁNOVA, Adelaide. *13 nudes*. Juiz de Fora: Macondo, 2020.

ITO, Seiko. *Rádio imaginação*. Trad.: Rita Kohl. São Paulo: Companhia das letras, 2023.

JACOB-JENKINS, Branden. *Gloria*. New York: Theatre Communication Group, 2020.

JAVARAL, Miguel. *Um autor de sucesso*. Belo Horizonte: Impressões de Minas; SQN Biblioteca, 2019.

JELINEK, Elfriede. Charges. In: ______. *Three Plays*. Calcutá: Seagull Books, 2019. p. 380-506.

KAMINSKY, Ilya. *República surda*. Trad.: Maria Cecilia Brandi. São Paulo: Companhia das Letras, 2023.

KEEGAN, Claire. *Foster*. Londres: Faber & Faber, 2010.

KHEMERI, Jonas Hassen. *A cláusula do pai*. Trad.: Clarice Goulart. Belo Horizonte: Âyiné, 2022.

KIFFER, Ana. *Todo mar*. Bragança Paulista: Urutau, 2019.

KUSHNER, Rachel. *Mars Club*. Trad.: Rogerio W. Galindo. São Paulo: Todavia, 2019.

KUCINSKI, Bernardo. *K.*: relato de uma busca. São Paulo: Cosac Naify, 2014.

LAUB, Michel. *Diário da queda*. São Paulo: Companhia das Letras, 2011.

LÉGER, Nathalie. *A exposição*. Trad.: Letícia Mei. São Paulo: DBA, 2023.

LEVY, Tatiana Salem. *A chave de casa*. Rio de Janeiro: Bestbolso, 2013.

LERNER, Ben. *10:04*. Trad.: Maira Parula. Rio de Janeiro: Rocco, 2018.

LINS, Paulo. *Dois amores*. São Paulo: Nós, 2019.

LISBOA, Adriana. *Deriva*. Belo Horizonte: Relicário, 2019.

LÍSIAS, Ricardo. *O céu dos suicidas*. Rio de Janeiro: Alfaguara, 2012.

LUISELLI, Valeria. *Arquivo das crianças perdidas*. Trad.: Renato Marques. Rio de Janeiro: Alfaguara, 2019.

MACHADO, Ana Maria. *Um mapa todo seu*. Rio de Janeiro: Alfaguara, 2015.

MACIEL, Maria Esther. *Pequena enciclopédia de seres comuns*. São Paulo: Todavia, 2021.

MAGALHÃES, Danielle. *Vingar*. Rio de Janeiro: 7Letras, 2021.

MAGRI, Ieda. *Uma exposição*. Belo Horizonte: Relicário, 2021.

MAIA, Ana Paula. *Enterre seus mortos*. São Paulo: Companhia das Letras, 2018.

MAIA, Ana Paula. *De cada quinhentos uma alma*. São Paulo: Companhia das Letras, 2021.

MANJATE, Lucílio. *A triste história de Barcolino, o homem que não sabia morrer*. São Paulo: Kapulana, 2017.

MARIUTTI, Sofia. *Abrir a boca da cobra*. São Paulo: Círculo de Poemas, 2023.

MAROCA, Viviane Monteiro. *Já não posso voltar a casa*. Belo Horizonte: Cas'a, 2022.

MARQUES, Ana Martins. *O livro das semelhanças*. São Paulo: Companhia das Letras, 2015.

MARQUES, Ana Martins; JORGE, Eduardo. *Como se fosse a casa* (uma correspondência). Belo Horizonte: Relicário, 2017.

MARQUES, Ana Martins. *De uma à outra ilha*. São Paulo: Círculo de Poemas, 2023.

MERUANE, Lina. *Sistema nervoso*. Trad.: Sérgio Molina. São Paulo: Todavia, 2020.

MIGUELOTE, Carla. *O mapa do céu na terra*. São Paulo: Círculo de Poemas, 2023.

MODIANO, Patrick. *Para você não se perder no bairro*. Trad.: Bernardo Ajzenberg. Rio de Janeiro: Rocco, 2015.

MOTTA, Aline. *A água é uma máquina do tempo*. São Paulo: Círculo de Poemas, 2022.

MOYSÉS, Júlia. *O desaparecimento dos peixes*. Belo Horizonte: Cas'a, 2024.

MURAKAMI, Haruki. *Homens sem mulheres*. Trad.: Eunice Suenaga. Rio de Janeiro: Alfagura, 2015.

MUTARELLI, Lourenço. *Nada me faltará*. São Paulo: Companhia das Letras, 2010.

NAVARRO, Brenda. *Cinzas na boca*. Trad.: Julia Dantas. Porto Alegre: Dublinense, 2023.

NETO, Ismar Tirelli. *Os ilhados*. Rio de Janeiro: 7Letras, 2015.

NOTTAGE, Lynn. *Sweat*. New York: Theatre Communication Group, 2017.

OTHERO, Bruna Kalil. *O presidente pornô*. São Paulo: Companhia das Letras, 2023.

PAIVA, Marcelo Rubens. *Ainda estou aqui*. Rio de Janeiro: Objetiva, 2015.

PEDROSA, Cida. *Solo para Vialejo*. Recife: CEPE, 2019.

PEDROSA, Cida. *Araras vermelhas*. São Paulo: Companhia das Letras, 2022.

PEQUENO, Tatiana. *Réplica das urtigas*. Rio de Janeiro: Oficina Raquel, 2009.

PEQUENO, Tatiana. *Aceno*. Rio de Janeiro: Oficina Raquel, 2014.

PEQUENO, Tatiana. *Onde estão as bombas*. Juiz de Fora: Macondo, 2019.

PEREIRA, Edimilson de Almeida. *Front*. São Paulo: Nós, 2020.

PÉRET, Flávia. *Uma mulher*. Belo Horizonte: Guayabo, 2018.

PÉRET, Flávia. *Instruções para montar mapas, cidades e quebra-cabeças*. Belo Horizonte: Guayabo, 2021.

PÉRET, Flávia. *Os patos*. Belo Horizonte: Impressões de Minas, 2018.

PINA, Manuel António. *Como se desenha uma casa*. Porto: Assirio & Alvim, 2011.

POLESSO, Natália Borges. *Amora*. Porto Alegre: Não editora, 2015.

POLESSO, Natália Borges. *Controle*. São Paulo: Companhia das Letras, 2019.

PONTES, Natércia. *Os tais caquinhos*. São Paulo: Companhia das Letras, 2021.

RANKINE, Claudia. *Citizen*: an american lyric. Minneapolis: Graywolf Press, 2014.

RIBEIRO, Marcos A. P. *O discurso do tempo*. Rio de Janeiro: 7Letras, 2014.

ROCHA, Sidney. *O destino das metáforas*. São Paulo: Iluminuras, 2011.

RODRIGUES, Éder. A mulher que andava em círculos. In: ALEXANDRE, Marcos Antônio; RODRIGUES, Éder. *Mayombe grupo de teatro:* dramaturgias de [re(e) xistências]. Belo Horizonte: Javali, 2018. p. 41-104.

RUFFATO, Luiz. *O antigo futuro*. São Paulo: Companhia das Letras, 2022.

SAAVEDRA, Carola. *O inventário das coisas ausentes*. São Paulo: Companhia das Letras, 2014.

SAAVEDRA, Carola. *Paisagem com dromedário*. São Paulo: Companhia das Letras, 2010.

SHARIF, Solmaz. *Look*. Minneapolis: Graywolf Press, 2016.

SHARIF, Solmaz. *Customs*. Minneapolis: Graywolf Press, 2022.

SHIBLI, Adania. *Detalhe menor*. Trad.: Safa Jubran. São Paulo: Todavia, 2021.

SMITH, Patti. *Um livro dos dias*. Trad.: Camila von Holdefer. São Paulo: Companhia das Letras, 2023.

SMITH, Zadie. *NW*. Trad.: Sara Grünhagen. São Paulo: Companhia das Letras, 2014.

STIGGER, Veronica. *Sul*. São Paulo: Editora 34, 2016.

STIGGER, Veronica. *Krakatoa*. São Paulo: Todavia, 2024.

SOLDIER, Layli Long. *Whereas*. Londres: Picador, 2017.

SOUZA, Julia de. *As durações da casa*. Rio de Janeiro: 7Letras, 2019.

SOUZA, Julia de. *John*. Belo Horizonte: Âyiné, 2023.

TAVARES, Zulmira Ribeiro. *Vesúvio*. São Paulo: Companhia das Letras, 2011.

URIOSTE, Cecilia. *O jardim secreto dos sonhos perdidos*. São Paulo: Lovely House, 2022.

VALLE, Sarah. *Mãos*. Rio de Janeiro: 7Letras, 2021.

VELASCO, Suzana. *Pra onde quer que eu vá será exílio*. Rio de Janeiro: Cobogó, 2021.

VIDAL, Paloma. *Pré-história*. Rio de Janeiro: 7Letras, 2020.

VIGNA, Elvira. *Kafkianas*. São Paulo: Todavia, 2018.

VIGNA, Elvira. *Como se estivéssemos em palimpsesto de putas*. São Paulo: Companhia das Letras, 2016.

VILELA, Moema. *Fotos ruins muito boas*. Rio de Janeiro: 7Letras, 2022.

VUONG, Ocean. *Céu noturno crivado de balas*. Trad.: Rogerio Galindo. Belo Horizonte: Âyiné, 2021.

ZAMBI, Tázio. *Perto daqui*. Manuscrito.

ZAMBRA, Alejandro. *Formas de voltar para casa*. São Paulo: Cosac Naify, 2014.

ZAMBRENO, Kate. *Book of Mutter*. South Pasadena: Semiotext(e), 2017.

ZELIC, Helena. *A libertação de Laura*. Juiz de Fora: Macondo, 2021.

SOBRE O AUTOR

Pedro Kalil é professor, pesquisador e escritor. É doutor em Teoria da Literatura e Literatura Comparada pelo Pós-Lit/FALE/UFMG. Publicou o livro infantil *O menino que queria virar vento* (Aletria, 2012); a dramaturgia de *Charlotte-peixe-borboleta* (Relicário, 2016); o volume de poemas *O ano da fumaça* (Urutau, 2020); e a novela *Balta* (Relicário, 2021). Além desses, também lançou o livro *Autor/autoria: Roland Barthes e Cahiers du Cinéma* (Edufal, 2021). Organizou a coleção Arte & Teoria, de entrevistas com diversos artistas e pesquisadores, lançada pela Relicário em 2022.

coleção LUSCO FUSCO

A Coleção Lusco-Fusco apresenta ensaios que refletem sobre poéticas da contemporaneidade, em busca de novas veredas de investigação e abordagens experimentais.

OS TÍTULOS DA COLEÇÃO:

1. **NOSTALGIA FORMAL** - DAVIS DINIZ
2. **MINERAÇÃO DO OUTRO** - FLÁVIA PÉRET
3. **CRÔNICA SOBRE A LITERATURA ATUAL (2010-2024)** - PEDRO KALIL
4. **EXPERIÊNCIAS DO CINEMA BRASILEIRO EM DIÁLOGO COM HÉLIO OITICICA (1968-1972)** - THEO DUARTE

COORDENAÇÃO EDITORIAL MAÍRA NASSIF PASSOS
EDITOR-ASSISTENTE THIAGO LANDI
COMERCIAL PATRICK AMORIM
COORDENAÇÃO COLEÇÃO LUSCO-FUSCO PEDRO KALIL
PROJETO GRÁFICO E DIAGRAMAÇÃO FERNANDA GONTIJO
PRODUÇÃO EXECUTIVA ANA CAROLINA ANTUNES
PREPARAÇÃO AMBUÁ
REVISÃO OLÍVIA ALMEIDA

Dados Internacionais de Catalogação na Publicação (CIP) de acordo com ISBD

K14c Kalil, Pedro

Crônica sobre a literatura atual: (2010-2024) / Pedro Kalil. – Belo Horizonte: Relicário, 2025.
84 p. ; 12 x 18cm. – (Coleção Lusco-Fusco ; v. 3)

ISBN 978-65-5090-032-8

1. Literatura – História e crítica. 2. Crítica literária. 3. Teoria literária. I. Título. II. Série.

CDD: 801.95
CDU: 82.09

Elaborado pelo bibliotecário Tiago Carneiro – CRB-6/3279

Este livro foi realizado com recursos da Lei Municipal de Incentivo à Cultura de Belo Horizonte – Nº 0651/2023.

/re.li.cá.rio/

R. Machado, 155, casa 4, Colégio Batista | Belo Horizonte, MG, 3110-080
contato@relicarioedicoes.com | www.relicarioedições.com

relicarioedicoes relicarioedicoes

1ª edição [2025]

Esta obra foi composta em Georgia e Karla e impressa
sobre papel Pólen Bold 90 g/m² para a Relicário Edições.

REALIZAÇÃO:

PROJETO REALIZADO PELA SOCIEDADE CIVIL COM RECURSOS ORIUNDOS DA POLÍTICA DE FOMENTO À CULTURA MUNICIPAL

INCENTIVO:

LMIC LEI MUNICIPAL DE INCENTIVO À CULTURA

BELO HORIZONTE PREFEITURA

0651/2023